希望の進路を実現する
SHOWA
WOMEN'S UNIVERS
NIOR-SENIOR HIGH SCHOOL
JN058073
2021年入試から
中学1年で
スタート!!
SS
スーパー
コース
G
グローバル留学コース
H
本科コース
昭和
中高一貫
昭和女子大学附属
昭和中学校・高等学校
お問い合わせ
03-3411-5115
jhs-info@swu.ac.jp
〒154-8533 東京都世田谷区太子堂 1-7-57 東急田園都市線・世田谷線「三軒茶屋」駅下車 徒歩 7 分
EST.1920
100th Anniversary

"Global View" × "21st Century Skills" = "Future"

グローバルな視野と21世紀型スキルを培う 2021年新たなクラス編成で難関大学合格へ

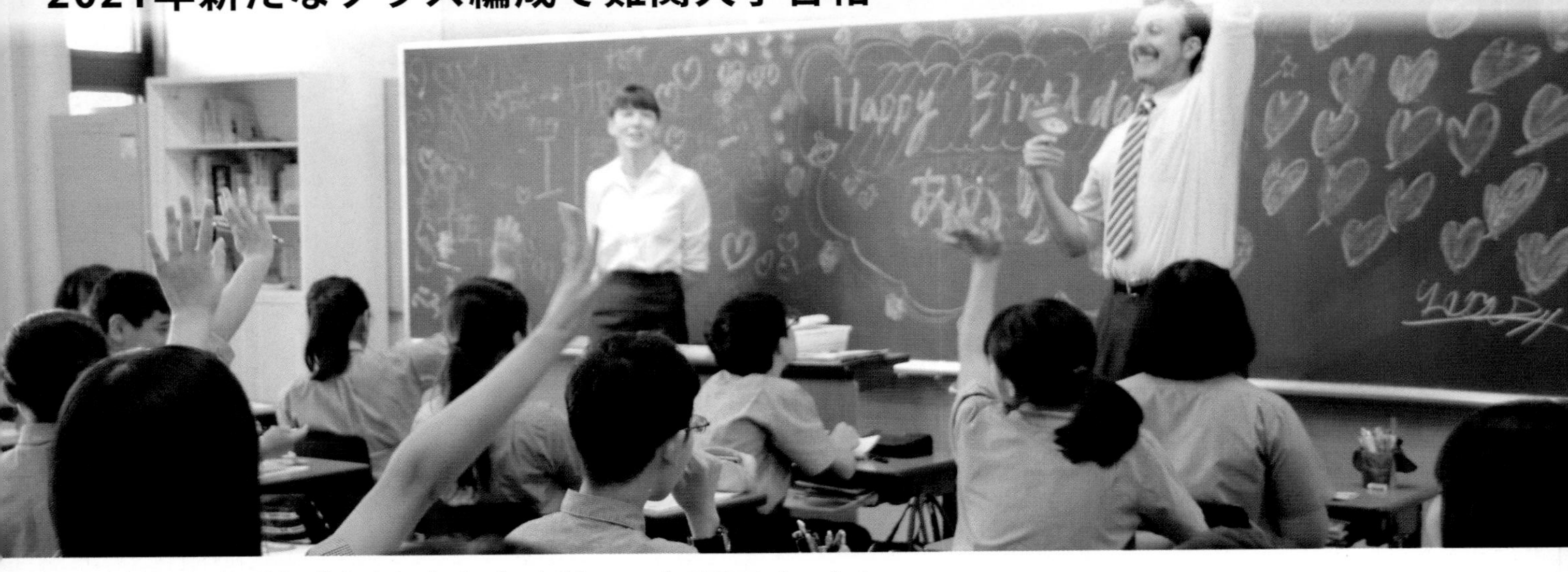

いま必要な学びを追究した新しい文理スタイル

中学校			高等学校		
1年	2年	3年	1年	2年	3年
自己形成と知識定着		自己探求　思考力の養成			入試実践から自己実現
■基礎学力の定着と学習習慣の確立 ■課題発見力の発掘		■生涯学習への発展と応用力の養成 ■課題解決力の養成			■課題設定と合意形成の力を武器に、進路実現を目指す
グローバル選抜クラス（難関国公立大学文理進学コース）			グローバル選抜クラス（難関国公立大学文理進学コース）		難関国公立文系進学コース 難関国公立理系進学コース
グローバルクラス（文理進学コース）			先端サイエンスクラス（難関国公立理系進学コース）		
			グローバルクラス（文理進学コース）		国公立文系進学コース 難関私立文系進学コース 国公立理系進学コース 難関私立理系進学コース

2021年 新たなクラス編成で難関大学合格へ

西武学園文理中学校では2021年度の入学生からは、グローバルクラスとグローバル選抜クラスの新しいクラス編成となり、文理高校進学の際には、多様なクラスへの進学も可能となります。今までは、西武学園文理中学校の卒業生は文理高校進学後のクラス編成は、中入生と高入生で分けていました。しかし、現在のグローバル化された社会では、異なる民族や文化に属する人たちが、お互いのアイデンティティを自覚し、相互理解を深めながら、協働する時代へと変わりつつあります。そこで、2021年度（令和3年度）より中入生と高入生を混合クラスにすることにより、バックグラウンドの異なる生徒間交流が活発化し、寛容の精神や相互理解が育まれることを目的としています。

2つのコースの目標

グローバル選抜クラス（難関国公立大学文理進学コース）
難関国公立大学への現役合格をめざす生徒に、効率的かつ密度の濃い指導を行う特別クラスです。

グローバルクラス（文理進学コース）
高度な語学力と知的土台をベースにグローバルシチズンシップを備えた国際人育成をめざすクラスです。

2020年度 大学合格実績

国公立大学 **57** 名　東京大学現役 **3** 名
防衛医科大学校現役 **3** 名　医学部医学科 **26** 名
医歯薬獣医系学部 **75** 名　海外大学進学 **12** 名
早慶上理科大 GMARCH **159** 名

レディー＆ジェントルマン中高一貫エリート教育
西武学園文理中学校

〒350-1336 埼玉県狭山市柏原新田311-1
TEL.04-2954-4080　https://www.bunri-s.ed.jp

●池袋から**51**分　●高田馬場から**54**分　●国分寺から**45**分　●八王子から**56**分　●大宮から**45**分　●南浦和から**51**分
5つの駅からスクールバスを運行　新狭山駅・川越駅・東飯能駅・稲荷山公園駅・鶴ヶ島駅
※時間はスクールバスの時間を含む

●中学校説明会　9/5（土）　10/3（土）　10/25（日）　11/22（日）（予定：要予約）
●適性検査型入試説明会　10/7（水）　11/17（火）（予定：要予約）　●入試対策講座　10/25（日）　動画配信（予定：要予約）

中学受験
合格ガイド2021

Contents

鷗友学園女子中学高等学校

〒156-8551　東京都世田谷区宮坂1-5-30　TEL03-3420-0136　FAX03-3420-8782

https://www.ohyu.jp/

Ohyu Gakuen

ここは、未来への滑走路。

●学校説明会

【インターネット予約制】

- **10月31日(土)** ①10:00〜11:30　②14:00〜15:30
- **11月18日(水)** 10:00〜11:30

●公開行事　【インターネット予約制】

▶学園祭[かもめ祭] WEB

- **9月19日(土)** 9:30〜16:30
  20日(日) 9:00〜15:30

※イベントの日程は変更になる場合がございます。
HPでご確認の上、ご来校ください。

この国で、
世界のリーダーを育てたい。

■ 2020年度・大学合格者数（卒業生 128名）

国公立	一貫生 17名
早慶上理	一貫生 17名
医歯薬看護	一貫生 52名
G-MARCH	一貫生 48名
海外大	一貫生 1名

■本校独自のグローバルリーダーズプログラム

- 各界の第一人者を招いて実施する年6～8回の講演会
- 英語の楽しさを味わうグローバルイングリッシュプログラム
- 異文化を体感し会話能力を向上させるバンクーバー語学研修
- 各国からの定期的な留学生や大学生との国際交流

グローバルエリート（GE）クラスとは

東大をはじめとする最難関大学や海外大学への進学を目指すことはもちろん、「この国で、世界のリーダーを育てたい」という開校以来の理念を実現するクラスです。すべての生徒がこのグローバルエリートクラスに所属し学びます。

ナイト説明会【要予約】
9月23日（水）19:00～20:00
会場／越谷コミュニティーセンター

授業見学日【要予約】
9月26日（土）10:00～12:00
＊個別相談可

学校説明会【要予約】
10月25日（日）10:00～12:00
体験授業
11月14日（土）10:00～12:00
入試問題解説会
11月28日（土）10:00～12:00
入試問題解説会

小学校5年生以下対象説明会【要予約】
12月12日（土）10:00～12:00
体験授業

■日程等は変更になる可能性があります。ホームページでご確認のうえ、お越しください。

春日部駅西口よりスクールバスを用意させていただきます。（ナイト説明会を除きます）

春日部共栄中学校

〒344-0037 埼玉県春日部市上大増新田213 TEL.048-737-7611
東武スカイツリーライン／東武アーバンパークライン 春日部駅西口からスクールバス 7分
https://www.k-kyoei.ed.jp

KYOEI PEOPLE.

誠を貫く生き方。

至誠一貫

学校説明会（児童・保護者対象）

〈第２回〉 9月20日(日) 8:30〜受付 9:30開始

〈第３回〉 11月23日(月･祝) 8:30〜受付 9:30開始

〈第４回〉 1月11日(月･祝) 8:30〜受付 9:30開始

模擬入試体験会(児童対象)・**説明会**(保護者対象)

※保護者の方は、別室にて説明会を行います。

〈第１回〉 11月 1日(日) 8:30〜受付 9:30開始

〈第２回〉 12月20日(日) 8:30〜受付 9:30開始

※日程が変更になる場合がありますので、必ずHPをご確認ください。

学校法人 共栄学園

共栄学園中学校 2021

〒124-0003 東京都葛飾区お花茶屋2-6-1

出願はWebで

京成本線「お花茶屋」駅より徒歩3分

0120-713601 http://www.kyoei-g.ed.jp/

英知をもって国際社会で活躍できる人間を育成する。

3つの資質・能力を形成する特色教育　①進学教育　②国際教育　③福祉教育

グローバル社会で活躍できるために育てたい3つの資質・能力

創造的学力【主体性】	21世紀のグローバル社会や科学技術などの様々な分野でイノベーションを起こすため、自ら主体的に課題を発見し、その課題を解決する創造的思考が必要です。そのためにも、課題を的確に発見する力や多様な発想を創り出す姿勢などを育みます。
国際対話力【多様性】	多様なグローバル社会では、多様な人たちと一緒に課題と向き合い、コラボレーションしながら社会を築くため、論理的思考や英語による対話力が求められます。そのためにも、多様な文化や考え方を理解して対話することのできる力や姿勢を育みます。
人間関係力【協働性】	複雑化する人間社会においては、自立した個人として様々な人々とコミュニケーションできるとともに、協働して課題解決に向かおうとする共感的思考が大切です。そのためにも、集団をまとめる力や仲間に貢献する姿勢などを育みます。

資質・能力を高める教科教育

英語・数学は単元ごと小テスト・ノート提出・指名補習による完全習得
国語は漢字コンテスト・百人一首大会等で競いながら学べるイベント
理科・社会の探究学習（成果発表）
中1…富士山と田貫湖周辺の自然探究学習
中2…京都・奈良の歴史探究学習
中3…沖縄の平和学習・現地校交流・民泊・マリンスポーツの社会探究学習
統合学習（**音楽・美術・体育・技術家庭科・道徳**）
実技科目と福祉教育がリンク

順天オリジナルプログラム

毎年ある宿泊体験学習（中1は自然体験探究・中2は歴史探究・中3は社会探究）
スクールステイ（学校の宿泊施設で短期寄宿舎生活を体験）
ボランティア活動（学期に1回を目標に毎月紹介されるプログラムから自由に選択）
自由参加型ニュージーランド短期留学（中３夏期休業中）
高校の類型制進学教育（理数選抜クラス・英語選抜クラス・特進選抜クラス・一貫選抜クラスがある）

過去の進学実績

東大・京大・北海道大・東北大・大阪大・東京工業大・東京医科歯科大・早稲田大・慶応大・上智大・ICU・東京理科大
学習院大・明治大・青山学院大・立教大・中央大・法政大, etc.

学校説明会【要予約】

9月26日(土)　10月17日(土)　11月14日(土)　12月12日(土)

☆ 詳細およびオープンスクールはホームページでご確認ください。
☆ 日程が変更になる場合がございますので、最新情報をホームページでご確認ください。

順天中学校

〒114-0022　東京都北区王子本町1-17-13　TEL:03-3908-2966　https://www.junten.ed.jp/

美 女子美術大学付属高等学校・中学校

JOSHIBI

中学学校説明会
9月12日（土）
10:00～
11月14日（土）
10:00～
要予約

女子美祭
～中高大同時開催～
～最大のイベント～
10月25日（日）
10:00～　13:00～
※ミニ説明会あり

公開授業
10月3日（土）
11月7日（土）
各 8:35～12:40
要予約

ミニ学校説明会
12月5日（土）
1月9日（土）
14:00～
要予約

全て
予約制です

新型コロナウィルス感染症の影響で日程が変更になる場合は、本校ホームページにてお知らせ致します

〒166-8538
東京都杉並区和田 1-49-8
［代表］
TEL: 03-5340-4541
FAX: 03-5340-4542

http://www.joshibi.ac.jp/fuzoku

愛ある人として

湘南白百合学園中学校【女子校】

しょうなんしらゆりがくえん

●オープンスクール［要予約］
10／24㊏　10:00〜12:00
●入試説明会［要予約］
11／21㊏　14:00〜16:00
●入試直前説明会［要予約］
12／12㊏　9:30〜11:00
※6年生限定
●学校見学会［要予約］
10／9㊎　10:15〜12:00

所在地：神奈川県藤沢市片瀬目白山4-1
アクセス：JR東海道線・小田急線「藤沢駅」より江ノ電バス「片瀬山入口」徒歩3分、湘南モノレール「片瀬山駅」徒歩7分、江ノ島電鉄「江ノ島駅」徒歩15分
TEL：0466-27-6211
URL：https://www.shonan-shirayuri.ac.jp/

湘南白百合学園では、宗教的情操教育を学びのベースとした中高6年間の一貫教育の実践により、調和のとれた人格の育成と、国際的な視野を持って人類社会に奉仕できる女性の育成をめざしています。

愛ある人として、よりよい社会の実現のために自身の使命を見いだし、自らよく考え、適切に判断し、よりよい選択をし、責任を持って行動できる女性を目標に、日々の授業や行事・部活動などさまざまな場面で、生徒の活動をサポートしています。

語学力の向上をめざして

中1〜高1では、帰国生や英語が堪能な生徒を対象に「英語取り出し授業」を実施しています。ごく少人数のクラス構成で、ネイティブ教員の授業を増やし、コミュニケーション力・ライティング力のさらなる強化をめざすことで、進路実現の一助としています。

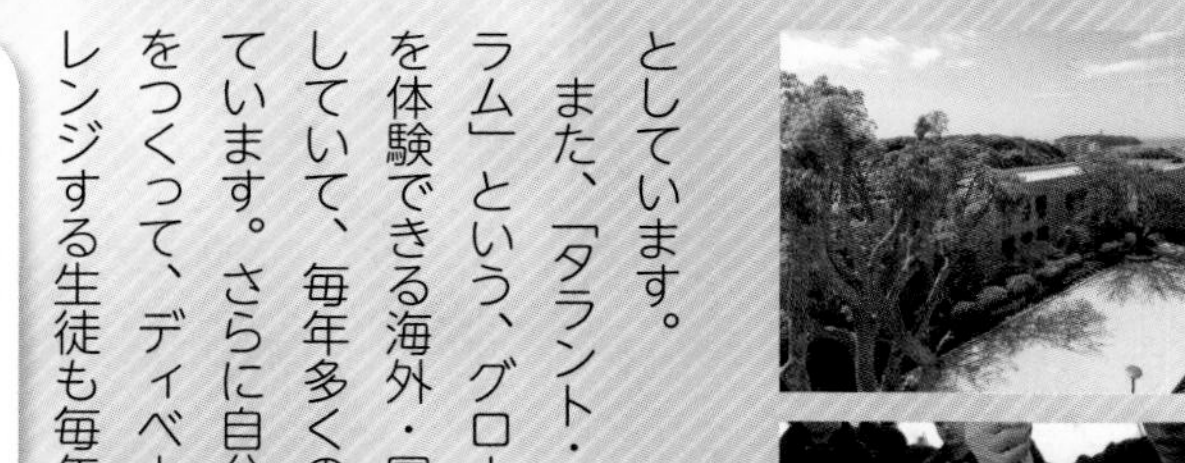

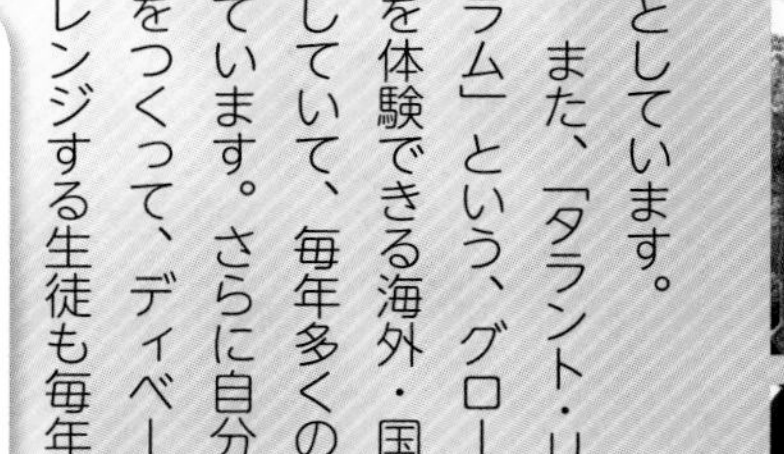

また、「タラント・リリア・プログラム」という、グローバルマインドを体験できる海外・国内研修が充実していて、毎年多くの生徒が参加しています。さらに自分たちでチームをつくって、ディベート大会にチャレンジする生徒も毎年います。

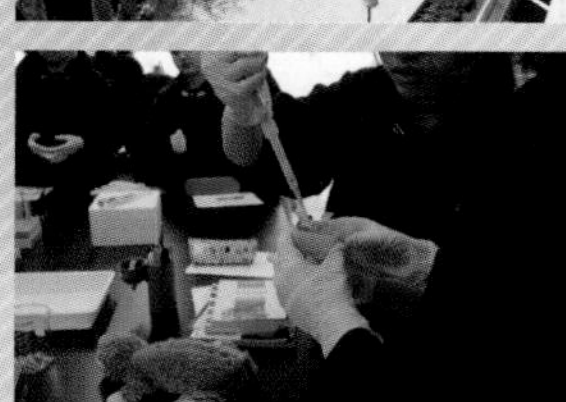

大学進学に向けて

中1・2は「基礎学力の定着」期間として、小テストなどもさかんに行われています。中3・高1は「進路への意識付け」の期間として、大学や社会の仕組みなどの情報提供を行っています。

そして高2からは「大学入試に対応できる実力の養成」期間として、生徒は自分の進路に合わせた選択科目を履修することができ、2学期からは放課後補習（無料）を開講し、生徒は自主的に受講しています。

その結果、近年の進学先は国公私大の文系を中心に、医歯薬系・理工系・芸術系など多様性に富んだ進学実績となっています。

帰国生入試の全面オンライン化！

湘南白百合学園では、2020年度入試から2月1日午後に「算数1教科入試」、2月2日午前に「英語資格入試」を導入しました。

2021年度入試では『帰国生入試を全面オンライン化』して12月19日に実施します。詳細は学校ホームページに掲載されています。国・算・英のサンプル問題も掲載されていますので、一度ご覧になってみてはいかがでしょうか。

2021年度入試日程（抜粋）

	帰国生入試【オンライン】	一般入試		
		算数1教科	4教科	英語資格
定員	10名	15名	45名	若干名
試験日	12/19（土）面接日	2/1（月）午後	2/2（火）午前	
試験科目	A方式 ※1 B方式 ※2	算数	国算理社	国算＋英語資格の得点

※1　A方式：英語記述＋国語または算数記述＋面接（日本語＋英語）
※2　B方式：国語記述＋算数記述＋面接（日本語）

他者のために生きる

清泉女学院中学校

せいせんじょがくいん

School Information（女子校）

所在地：神奈川県鎌倉市城廻200
アクセス：JR線・湘南モノレール「大船」バス5分
TEL：0467-46-3171　URL：https://www.seisen-h.ed.jp/

スペインのカトリック・聖心侍女修道会を母体として開校された清泉女学院中学校高等学校（以下、清泉女学院）。キリストの教えに基づき、それぞれが持っているタレントを開花させる教育を実践しています。今回は、そのなかでも特色ある2つの清泉スペシャル・プログラムをご紹介します。

ライフ オリエンテーションプログラム

このプログラムは、ライフオリエンテーション、倫理の授業、福祉プログラムなどで構成された、清泉女学院独自の6年一貫倫理教育です。

ライフオリエンテーションは、「こころの教育」プログラムです。宿泊をともなった校外学習で他者を受け入れる体験を積み重ね、自分への信頼や自信を確立していきます。倫理の授業は、中1から高3まで毎週1時間行われていて、キリスト教も含

中3は、『平和の種をまく人に』をテーマに、広島で二泊三日のプログラムを行います

めたさまざまな宗教を学ぶことで広い価値観を身につけていきます。また、「中高生AI倫理会議」を清泉女学院の生徒が立ち上げ、どのようにAIと共存していくかを、他校も招いて議論を行っています。そこで議論された内容は「AI倫理憲章」として内閣府に提出しています。

福祉プログラムは、清泉女学院の開校の地でもある横須賀の特別養護老人ホームでボランティア活動を行う伝統的な取り組みです。近年はベトナムの修道会が援助している現地小学校へボランティア体験にでかけるなど、国際協調も進んでいます。

三浦半島最南端の城ケ島で海蝕洞穴『馬の背洞門』を見学。自然の悠久な営みを直に感じます

サイエンス・ICTプログラム

清泉女学院は戦国大名・北条早雲が築いた玉縄城跡にあり、7万㎡という広大な敷地と自然をいかした理科の野外学習が特徴です。中1は、校内に咲くサクラの観察やタンポポの調査など、自然から多くを学びます。そして中2は箱根、中3は真鶴へ野外学習にでかけ、神奈川の自然にどっぷりつかる1日を体験します。

また、清泉女学院は20年以上前からコンピューター教育を行っている先進校で、2018年には日本教育工学協会から、神奈川県で2校目の「学校情報化優良校」に認定されるなど、本格的なICT教育が行われています。

新型コロナウイルス感染症の影響による休校期間中も3月から準備をはじめ、4月には双方向オンライン授業を始めるなど、これまでの取り組みが最大限にいかされています。

生徒の進学先も多岐にわたり、京都大、東京芸術大、国際教養大、清泉女子大、医歯薬系大など、それぞれのタレントを開花し、社会に貢献するための学びを続けています。

学校説明会・公開行事

◆保護者見学会（要Web予約）
10月16日（金）11月27日（金）
各10：00～12：00

◆入試説明会
11月21日（土）（要Web予約）
10：00～12：30／13：30～16：00

◆ミニ入試説明会（要Web予約）
12月19日（土）10：00～12：00

※各説明会・イベントは変更になる場合がありますのでHPをご確認ください。

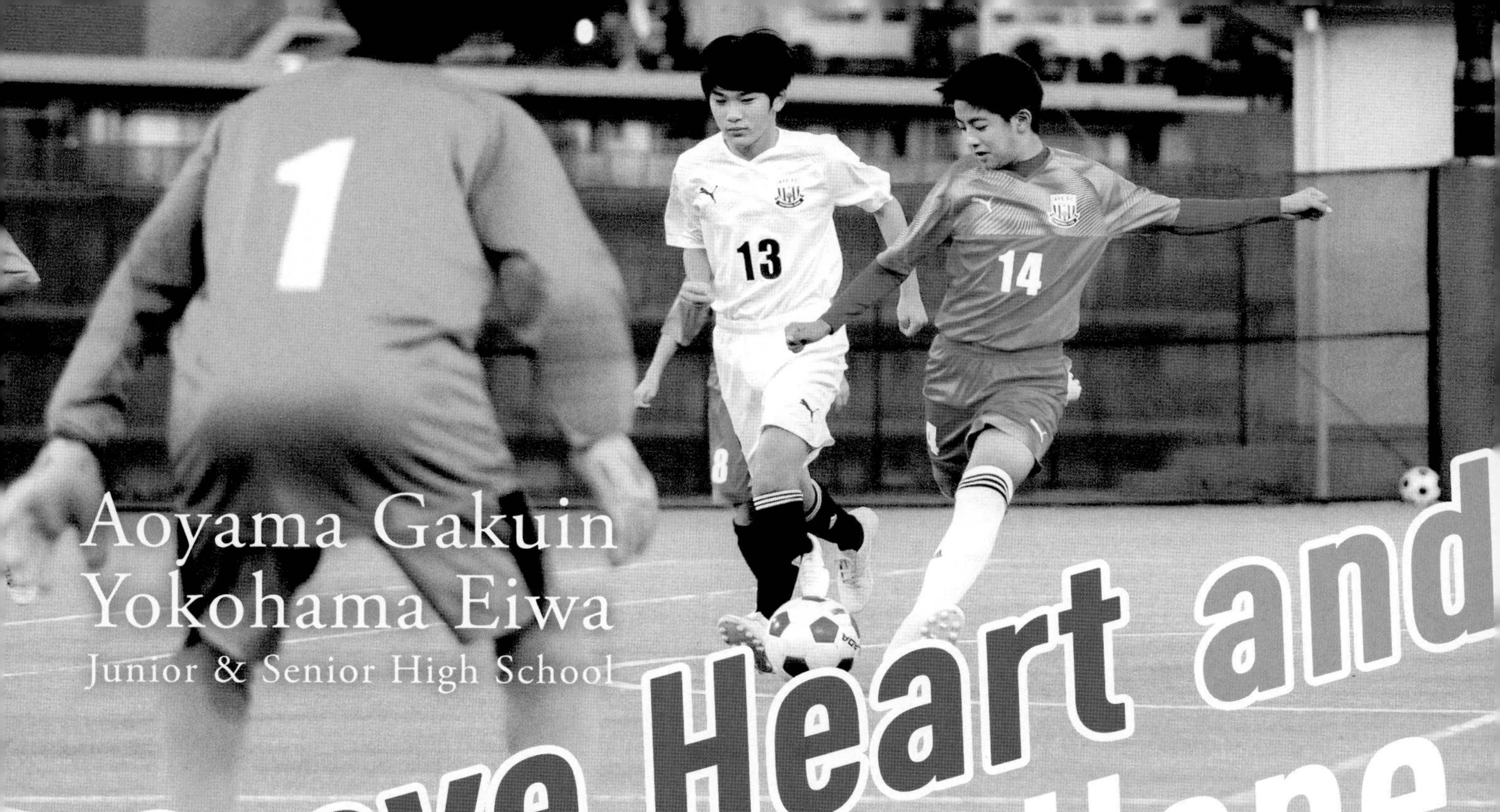

Aoyama Gakuin
Yokohama Eiwa
Junior & Senior High School

Brave Heart and Bright Hope

勇気と希望で輝こう

■ 学校説明会［要予約］

第1回 10月15日（木）10:00～11:30

第2回 10月31日（土）10:00～11:30
オンライン説明会 Youtube 限定公開

第3回 11月21日（土）10:00～11:30/14:00～15:30

第4回 12月 8 日（火）10:00～11:30
オンライン説明会 Youtube 限定公開

第5回 12月22日（火）10:00～11:30/14:00～15:30

■ キャンパス見学会［要予約］

9月26日（土）9:00～10:00/11:00～12:00

■ モーニング・ティーツアー［要予約］

9月11日(金)・10月30日(金)
11月27日(金)・1月15日(金)

※状況によっては、中止となる場合があります。
事前にホームページで確認をお願いします。

心を清め 人に仕えよ

学校法人 横浜英和学院
青山学院横浜英和中学高等学校

〒232-8580 横浜市南区蒔田町124番地　中学校…Tel.045-731-2862　高等学校…Tel.045-731-2861　中学高等学校…Fax.045-721-5340
https://www.yokohama-eiwa.ac.jp

The Most
Advanced High School

SENZOKU

Junior & Senior High School
6-year Course

激変する未来社会にも輝き続けられる人へ

未来社会に羽ばたこうとする10代に、未来社会に備える力を養成していくことこそ教育の使命でしょう。A.I.の急速な進化と適用によって激変が予想される未来に向かっては、既存の評価と既存の価値を追い求めるだけでは、十分とは言えません。

私たち洗足学園では、特徴的なカリキュラムや他流試合などの独自プログラムによって、状況や志向によって常に柔軟に自己変革を行えるよう、本質的で偏らない学力と様々な自律的能力を付与することに努めてきました。残るは、それぞれの中に自己進化の基となる核をいかに築きあげていくかということ。この新たな課題に対しても、洗足はまた新しい提案とチャレンジを行っていくつもりです。是非ご注目ください。

洗足学園中学校

説明会・公開行事の予定はホームページをご覧ください。

〒213-8580 神奈川県川崎市高津区久本2-3-1 E-mail : ao@jh-staff.senzoku.ac.jp https://www.senzoku-gakuen.ed.jp

ICHIKAWA

学び合う仲間がここにいる！

中学校説明会
10/24（土）

日程はHPにて必ずご確認ください。

12月 帰国生入試実施
試 験 日:12月 6 日(日)
出願期間:11月12日(木)12:00～

SSH（スーパーサイエンスハイスクール）指定校・ユネスコスクール加盟校 WWL（ワールドワイドラーニング）指定校

市川中学校・高等学校

〒272-0816 千葉県市川市本北方 2-38-1　TEL 047-339-2681　FAX 047-337-6288
http://www.ichigaku.ac.jp/

Fight!
受験まであと100日

私立中高一貫校のいま注目されるNEW WAVE校

森上教育研究所 所長　森上展安

みなさんがめざしている私立の中高一貫校はいま、なにを考えどこをめざしているのでしょうか。ここでは新たな動きをしめしている学校を森上展安氏の眼をとおして取りあげます。私立中高一貫校全体としてとらえるとき、「グローバル」「サイエンス」「探究」に注目してひとつの方向を向いていることがわかります。

国際感覚育むコースの新設 リケジョにそそがれる熱視線

来年から新コースを設けるところがめだちます。それは、年度が変われば新しい学習指導要領が実施されていくので、これを機に内容を一新している、ということだと思います。

そのあたりを、少しみていくことでこの流れをつかみたいと思います。

たとえば江戸川女子が中学で国際コースを新設します。また、佼成学園がグローバルコースを新設します。

かたや女子校、かたや男子校ですね。江戸川女子の英語指導には定評がありますが、今度は、その英語をツールにして将来の進路選択のモチベーションになるように海外大学進学も考えたコース内容とのことで、中3でマレーシア、高1でオーストラリア、高2でアメリカ・ニュージーランド・フィリピンなどへの研修を予定している、とのこと。

一方、男子校の佼成学園は、国際社会で活躍する「グローバル・コンピテンシー」の育成を主眼にしています。中1でモンゴル、中2でマニラ、中3でタイ、高1でベトナム、高2でアメリカと毎年研修旅行があります。

研修先に多少個性がでていますが、いずれも現地の体験が大きな特徴になっているのがわかると思います。あいにくのコロナ禍で実施できない計画もあるかと思いますが、これからのヴァーチャルな世の中にあって「体験」の持つ教育的意義を重視した教育として共鳴するように思います。

つぎに取りあげるのは新しく共学化する芝浦工大附属と、同じく共学化する光英ヴェリタス、新コースを中1からにした昭和女子大昭和。

芝浦工大附属はすでに高校を共学化し、そこで入学した女子高生たちは大学理系に進路をとっているとのことで、中学から女子を募集して、「リケジョ」をしっかり養成するに越したことはありません。

そして千葉の聖徳大女子が共学化して校名変更し「光英ヴェリタス」となります。その目玉のひとつを「理数サイエンス」においているとのことです（あとひとつは英語グローバル）。

さらにまた昭和女子大昭和は、3年次からスタートしていたスーパーサイエンスコースを中1からスタートさせます。

ここに共通しているのは前記したいわゆる「リケジョ」にフォーカス

芝浦工業大学附属中学校

佼成学園中学校

江戸川女子中学校

していること。

わが国の人口減少は大きく、今後の経済に影を落とすことが危惧されていますが、目下の危機は次世代を担う生徒・学生について男子ばかりをあてにできないことで、本来性別とは関係のない話なのに圧倒的に理系の人材が足りていないことで、すぐできるのは女子の理系人材の育成ですね。

その意味でこれらの3校に共通しているのは「リケジョ」の養成となります。

ニッチな理系の道にふみだす女子校も話題のひとつ

「リケジョ」とくればもう1校。あえて女子校で、それも応募が多いとは考えにくい大きな改革を打ちだした学校をあげないわけにはいきません。

女子校の生き残りという点では、世間の安全安定志向と「逆張り」ともいえる「リケジョ」志向を鮮明に打ちだした東京女子学園です。

これは慶應義塾湘南藤沢の総合政策学部前学部長や同校の中高部長（校長）も務めた河添健新校長の方針での改革です。数学者で理学博士でもある同校長の掲げる旗は、DSDA（Data Science, Design,Arts）。これは新しく慶應義塾湘南藤沢のふたつの学部が掲げるDADと同じで、いずれもデータサイエンスとデザイン、アートからきているもの。

データサイエンスはビッグデータをAIで処理分析する先端のサイエンスです。今後これを生業とするデータサイエンスのニーズが急増するとされています。

実際それを学べる国立の滋賀大学や横浜市立大学、武蔵野大学などのデータサイエンス関係学部はすさまじい倍率になっています。

しかも、東京女子学園の募集はつつましく女子のみ20名で、校舎新築中につき、向こう2年間は1学年20名のみ、それも女子の限定的募集だというのですから、まさにニッチというべきです。河添校長に言わせれば偏差値で大学の進学を決めているのは日本ぐらいで、きわめておかしなこと、ということを専門の数学的明断さでコメントされています。

探究を旗印にする2校その進化が止まらない

つぎに2校の改革校も取りあげたいと思います。ひとつは開智、もうひとつは広尾学園小石川です。

―キリスト教に基づく人格教育―

学校説明会（要予約）

第4回	10月 3日（土）	14:00～15:30
第5回	11月11日（水）	11:00～12:30
第6回	12月12日（土）	14:00～15:30
第7回	1月 9日（土）	14:00～15:30

※各回1カ月前より予約受付を開始致します。

クリスマスの集い
12月24日（木）15:00～
※本校チャペルにて　※予約不要

ハンドベル定期演奏会
2021年 1月22日（金）19:00～
※なかのZEROホール　※予約不要

学校見学
ご希望の方は、事前にご連絡ください。

※新型コロナウイルスの感染状況により、日程は変更になる場合があります。事前に必ずHPをご確認下さい。
※お車でのご来校はご遠慮下さい。

明治学院中学校
〒189-0024　東京都東村山市富士見町1－12－3
TEL　042－391－2142
http://www.meijigakuin-higashi.ed.jp

東京女子学園中学校

昭和女子大学附属昭和中学校

光英VERITAS中学校

開智の中高一貫部はこれまで先端クラスと一貫クラスのふたつに分けて募集してきましたが、来年は1本化して先端コースのみになるそうで、これは中3から各自の選択で4コースを選択できる。それは文字どおりITを中心に据えた先端ITコース、グローバルなIBの学びを取り入れた先端GBコース、医・歯・薬・獣医などのメディカルをめざす先端MDコース、最後にまだ専攻をしぼりきれない生徒のためのFDコースなどに分かれるとのこと。筆者の感覚でも専門化は中1・中2の課程以降でいいと思うのですが、中3からコース選択があることで生徒自身が進路を考えるようになると思います。

　もう1校取りあげる広尾学園小石川（現・村田女子）は、広尾学園との連携を強めて、来年度中学募集を再開。中高とも共学化してその名も広尾学園小石川と姉妹校ブランドとなります。

　広尾学園の魅力のひとつである14名ものネイティブの英語指導陣も教えますし、広尾学園で行われている2コースが設定されますから、まさに魅力倍増ともいえますが、入り口が2校になることによって需要も増す可能性があります。

　2校に共通している特長は探究的な活動を指導の柱にしていることで、その代表的な学校が改めてその点を訴求し、鮮明な学びをしめしている点が奇しくも一致しています。

医学部に進む歩みに変化の兆しも

　また、東京の西多摩にある東海大菅生の中高一貫のコースとして医学・難関大コースが新設されます。

　大学で医学部があって系列・附属校を持つところは、慶應義塾大学を筆頭に、日本大学、東海大学、獨協大学などが思い浮かびますが、そうした大学の医学部は外部進学校からの一般入試と異なり内部進学の仕組みが別にあります。なかでも日本大学と東海大学は附属高校が多いため統一したテストをいっせいに実施して、その得点上位生にほかの要素も加えて進学の可否を判定します。

　そのテストはいわゆる一般入試のようなむずかしいものではなく非常に探究的なテストと聞いています。また上位成績はとらなければいけませんが、トップでなければならないこともありません。人格主義という言葉がありますが、非認知スキルも重視されて合否の断が下されるよう

人間に生まれながらの能力差はない

体育祭（メットライフドーム）
社会科見学
理科実習
語学研修（カナダ・英国）
農作業

軽登山 ～集団行動、仲間との交流から絆を深める～
みんなで協力して1つの山を登りきる達成感や自然の醍醐味を実感することで人間力を高めます。自然の雄大さに触れるこの経験が、机上の学習だけでは得られない数々の感動を生み出し、生徒のやる気を芽生えさせ、自立心を育てます。この自立心こそが、本校の進学実績の基ともなっている「自学自習」の姿勢を身につけさせていくのです。

学校見学説明会（要予約）
第3回 10／10（土）14:00～15:30
第4回 11／14（土）10:00～11:30
第5回 12／ 5（土）14:00～15:30
※新型コロナウィルスの影響により日程や内容が変更になる場合があります。ご理解のほどよろしくお願いいたします。

狭山ヶ丘高等学校付属中学校
〒358-0011 埼玉県入間市下藤沢981
TEL／04-2962-3844 FAX／04-2962-0656

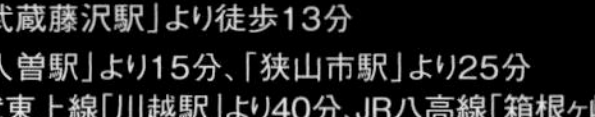
アクセス 西武池袋線「武蔵藤沢駅」より徒歩13分
スクールバス 西武新宿線「入曽駅」より15分、「狭山市駅」より25分
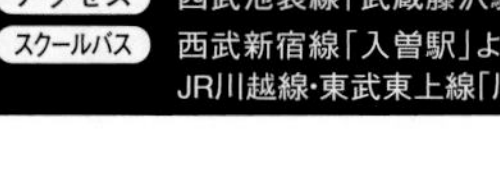
JR川越線・東武東上線「川越駅」より40分、JR八高線「箱根ヶ崎駅」より20分

東海大学菅生高等学校中等部

広尾学園小石川中学校

開智中学校

です。
　そのような仕組みのなかで東海大菅生高校も東海大学医学部進学に他の附属校と同じ基準があり、そこをいかした新コースというべきでしょう。このような医学部進学ならいきいきとした学校生活を送りながら医学部への途も考えられますからよいコースができることだと思います。

コロナ禍で試される私立一貫校の底力

　さて、コロナ禍が収まりません。

　私学は5月の連休明けからオンライン授業をほぼ全面的に立ちあげ、かつ夏休みを短くし、補完授業を行うなど改めて生徒本位のあり方から底力をみせて学校を運営しました。

　これからもオフラインとオンラインの授業を交互につづけていかざるをえない状況です。したがってオンライン授業もさらに吟味して技術的に高度に、内容も濃密にしていくべきだと思います。

　結果的に時間コマで学びを認める履修主義から、マスターしたことで学びを認める習得主義が学校の授業に関して当然のように理解され始めたことは大きな変化です。

　学習アプリなどで習得できればひとりでドンドン前に進み、双方向のラーニングは相互の意見交換を中心に推移するというLIVEのよさを前面にだしたものになる気配が学校にでてきています。

　また授業コンテンツも、たとえばさきにあげた東京女子学園などはシリコンバレーの企業家のデータサイエンスプログラムをオンラインで授業に使用して、教員はファシリテーターに徹する、という授業が用意されるようですから、まさにオンラインの活用ですね。

◇

　岩波ジュニア新書から7月に『できちゃいました！　フツーの学校』という、勉強の本の多い同シリーズとしては異色の本がでました。著者は、宝仙学園理数インターの富士晴英校長と、「ゆかいな仲間たち」と称する同校の教員や生徒の手によるものです。

　いわば学び方の本ということで広義には勉強の本ですが、探究という「学校の時代」の学校のあり様のひとつを具体的に実践したものとして、これまでのフツーではない学校のあり方を記したもの。可能性に期待がふくらむ私立一貫校の現在を見ることができる1冊です。

世界に目を向け、平和を実現する女性になるために　自ら考え、発信する力を養う

◆恵泉デー（文化祭）今年度は非公開
11/ 3（火･祝）9:00～16:00
一般公開はしませんが、
一部動画の配信を予定しています。

◆クリスマス礼拝（要予約）
12/22（火）13:00～14:30

◆スプリングコンサート（要予約）
2021 3/20（土･祝）13:00～15:00

◆学校説明会（要予約）
第4回　10/10（土）14:00～16:00
第5回　12/12（土）14:00～16:00

◆入試説明会（要予約）
第1回　11/23（月･祝）10:30～12:00
14:00～15:30
第2回　12/ 8（火）10:00～11:30
第3回　2021 1/12（火）10:00～11:30

	第1回	第2回	第3回
選考日	2月1日（月）午後2科	2月2日（火）午前4科	2月3日（水）午後2科
募集人員	80名（帰国生枠約10名を含む）	70名	30名
選考内容	2科（国語、算数）帰国生枠出願者のみ面接（保護者同伴）	4科（国語、算数、理科、社会）	2科（国語、算数）

・日時、内容が変更になる場合があります。本校のウェブサイトで必ずご確認ください。

恵泉女学園中学・高等学校
〒156-8520 東京都世田谷区船橋5-8-1　TEL.03-3303-2115　https://www.keisen.jp/

知性と感性を磨く伝統の女子教育

江戸川女子中学校

東京都　江戸川区　女子校　http://www.edojo.jp

江戸川女子中学・高等学校は、80年以上の歴史を持つ伝統ある女子校です。西洋のお城のように輝くエントランスに足を踏み入れると、生徒たちの明るい声が聞こえてきます。また、パティオと呼ばれる石畳の中庭では、生徒たちが伸びのびと過ごしています。そのような環境のなか、「教養ある堅実な女性」「自立した女性」の育成を行っています。

ティームティーチング

2021年度より、中学に国際コースを新設

江戸川女子中学校は、2021年度より、「世界を舞台に活躍できる、真の国際人の育成」を目標に、国際コースを新設します。

国際コースでは、中学入学時点での英語の力に応じて、「Advanced Class」と「Standard Class」に分かれます。これまで蓄積してきたノウハウをいかし、さらなる英語力の向上と国際感覚の醸成をめざします。

英語は少人数制授業を実施します。ネイティブ教員が副担任につくので、日常的に英語でのコミュニケーションをとる機会が増えます。さらに、音楽と美術の授業は英語イマージョン教育を実施するため、英語にあふれた毎日を過ごすことができます。国際社会へ飛び立つ基礎を養う江戸川女子中学校の国際コースに要注目です。

新しい時代の知性を磨く取り組み

国公立大学や医学部、最難関私立大学への高い合格実績も大きな特徴です。その原動力となっているのが、先進の英語教育です。英語のテキストは「プログレス21」を使用し、中3次までに高校で学ぶ文法事項をすべて学習します。

その結果、最近は中学卒業時に約7割の生徒が英検準2級以上を取得しています。また、毎週行われるネイティブ教員による英会話の授業や年に1回開催されるスピーチコンテストなど、英語に対するモチベーションをアップさせるプログラムがたくさん用意されています。

また、2020年度からの大学入試改革を見据えて、2015年度から、英語での自己表現力を養う〝English Speak-Out Program〟を導入しています。これはクラスを12～13名ずつ3分割して、各グループにネイティブの講師が3日間、ゲームなども盛り込みながら英語漬けの授業を展開するという企画です。終了後のアンケートでは、毎年9割以上の生徒が〝英語を話すのが楽しいと思えるようになった〟と回答しています。

ほかにも、数学でのティームティーチングの導入、国語での「論理」の時間の創設、社会での課題解決学習の実施、理科での夏休み実験講座の開講など、江戸川女子中学校では新しい時代の知性を磨く取り組みを進めています。

English Speak-Out Program

説明会日程

●オープンキャンパス(要予約)
9月12日(土)13:20～16:45

●学校説明会(要予約)
10月10日(土)10:00～11:30
11月 7日(土)10:00～11:30
12月 5日(土)14:00～15:30
1月16日(土)10:00～11:30

●入試問題説明会(要予約)
12月12日(土)14:00～15:30

SCHOOL DATA

所在地	東京都江戸川区東小岩5-22-1
アクセス	JR総武線「小岩駅」徒歩10分 京成線「江戸川駅」徒歩15分
TEL	03-3659-1241

「あと100日」に親ができる学校選びとスコアアップ

中学受験ではサポートする親の役割が非常に重要です。

とくにコロナ禍でさまざまなハードルがある今年の受験。

これから100日の間に保護者ができることをふたりのアドバイザーに考えていただきました。

あと100日に親ができるスコアアップ

森上教育研究所　所長
森上 展安

学校を選ぶためには自分の視点を持ってこそ

安田教育研究所　代表
安田 理

インターナショナルスクールとの教育提携で始まる教育のかたち

2021年度より、アオバジャパン・インターナショナルスクールとの教育提携を始動いたします。教育内容が大きく飛躍します。

Global Studies　Advanced Science　Sports Science

授業が見られる説明会【要予約】
9月12日［土］　10月10日［土］
10月31日［土］　11月14日［土］

入試体験【要予約】
11月15日［日］　12月13日［日］

入試解説【要予約】
11月22日［日］　1月10日［日］

学校説明会【要予約】
12月 6日［日］

イベントの日程は変更する可能性がございます。

最新情報はHP、下記Twitterにてお知らせいたします。

■文京学院大学女子中学校 高等学校（広報部）の
Twitter（@BunkyoGakuinGH）
でも学校説明会のご案内をしております。
是非ご利用ください。

＊詳細は本校ホームページをご覧ください

文京学院大学女子中学校

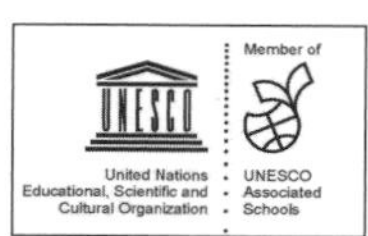

〒113-8667 東京都文京区本駒込 6-18-3　Tel 03-3946-5301　Mail jrgaku@bgu.ac.jp　http://www.hs.bgu.ac.jp/
●駒込駅（山手線・地下鉄南北線）から徒歩5分、巣鴨駅（山手線・都営三田線）から徒歩5分　●池袋から5分・大宮から27分・品川から28分・柏から33分・浦和美園から30分・新宿から13分

学校を選ぶためには自分の視点を持ってこそ

安田教育研究所 代表　安田 理

今年はコロナ禍で、私も学校を訪れる機会が減少しました。その分メールのやり取りが増えたり、各校のホームページをのぞいたりして、改めて私学としての「個性」「独自性」、先生たちの「熱意」、「経験」、学校としての「深み」などを感じることができました。

受験生、また保護者のかたも、合同相談会のほとんどが中止になり、また模擬試験なども自宅受験になったりして、偏差値があてにならなくなり困っているかたが多いのでは、と思います。

ですから学校選択は昨年までと様変わりせざるをえません。必然的に各校のホームページをのぞくケースが増えているのではないでしょうか。そこから、私が感じたような私学の本来の「価値」をご自分の眼で発見していただきたいと思います。

これはほんとう？ よくいわれる「敬遠2点」

まず学校選びで一般的にいわれていることについて考えてみましょう。

・「併設小あり」の学校は敬遠？

中学受験のご家庭の多数派は併設の小学校があることをどちらかというと敬遠しているように思えます。みなさんはどうでしょうか。小学校からの保護者はお金持ちが多いからつきあいにくい、小学校出身者はグループをつくっていてわが子はとけこめないのではないか……そんなどちらかというとネガティブなニュアンスの話をよく耳にします。

が、併設の小学校があることがプラスの面もあるのです。「お受験小」でなく、ほとんどがそのまま上がってくる学校では、小学校時代に学業成績第一という評価のされ方をしていないので、生徒にはいま問題になっている「自己肯定感の低さ」はありません。競争社会で生まれる「ひがみ」「ねたみ」といった負の感情を持っていないのです。そのことからいじめも少なく、おだやかな校風になっているケースがよくあります。

また、併設小学校がある学校の先生と接していて感じるのは、言葉づかいがきれいだということ。日々のことなので、そうしたこともわが子に好影響をもたらすのではないでしょうか。

・宗教系の学校は遠慮すべきか

以前はわが子をミッションスクールに入れたいと希望するご家庭がたくさんありました。しかし近年、社会一般が「効率主義」になり、精神的なものをあまり重視しなくなったこともあって、宗教系の学校の人気が少し低下しています。

よく人生を航海にたとえることがあります。長い航海には、「エンジンと羅針盤とバラスト（船を安定させるために船底に積みこむ岩石など）が必要」とされています。私はこれを人生にたとえると、「能力と人生設計と倫理性」かなと考えています。

安田教育研究所 代表
安田 理

やすだ・おさむ　早稲田大学卒業。大手出版社にて受験情報誌・教育書籍の企画・編集にあたる。2002年、独立して安田教育研究所を設立。講演・執筆・情報発信、セミナーの開催、コンサルタントなど幅広く活躍中。

学校教育においては、これは、「学力養成とキャリア教育と人間教育」にあたるでしょうか。

いまどの学校も、前2者には全力を傾注しています（とりわけ「学力養成」）。もちろんそれらも大切なのですが、私のような年齢になると、じつは3番目で身につけたものが、他者と自分を結びつけてくれたり、苦しいときに自分を支えてくれたりするなど、最も影響していると感じます。ですから、これも重視していただきたいと思います。

宗教系でなくても「人間教育」は行っていますが、やはり宗教系の学校ではこの比重が大きいと思います。それだけにこうした学校で6年間過ごせば、自然と、「倫理性」、「他者のために」という姿勢が身につくのではないでしょうか。

これからの時代は背景の異なる人とともに働き、ともに生きる時代といわれています。また格差の拡大が避けられないともいわれています。そうした時代を生きていく生徒にとって、「誠実に、だれとでも『つながる』ことができる」姿勢は欠かせないものだと思うのです。

どうでしょうか。2点だけですが、一般的に敬遠されている要素も、こんな風に考えることができると思うのです。

「店がまえ」だけで判断せず学校の本質を見極める眼を

私のような仕事をしていると、広報のプロのような学校と、ド素人の学校とを目にします。少し不謹慎なたとえですが、蕎麦屋とラーメン屋とで考えてみましょう。

同じ麺類の店でも蕎麦屋とラーメン屋とでは店がまえがまるでちがいます。蕎麦屋は表も店内も暖色系の色はほとんど使わず、暖簾もメニューも自己主張をしません。厨房も、蕎麦を運ぶ女性も静かで、注文受け、会計など必要最小限のやり取りですませます。一方ラーメン屋は、とくに最近の店は、朱・オレンジ・濃緑といった原色に近い色を使い、極太の手書き文字で店名を掲げています。店内では大きな声が飛び交います。蕎麦屋のメニューが十年一日のごとくなのに対し、ラーメン屋はいろいろなものをトッピングに加えたり、スープを鶏ガラとか魚介とか選ばせたりもしています。蕎麦屋で券売機で食券を購入するケースはほぼありませんが（ただし駅蕎麦はこれがふつう）、ラーメン屋は券売機方式が多数派です。ことほどさように両者はいろいろな点で異なっています。

学校にも蕎麦屋っぽい学校と、ラーメン屋っぽい学校とがあります。そしてどうも活気のあるラーメン屋っぽい学校にお客が集まっています。が、長い期間にわたって定点観測をしていると、蕎麦屋はすごく繁盛している感じはしないが潰れないでつづいている店が多く、一方ラーメン屋は、テレビや雑誌に取りあげられたり、外国人観光客が来たりして、華々しかった店が数年後にはなくなっていたりします。

いま学校は保護者に選ばれるために、時流に合わせていろいろなことを積極的に取り入れています。が、そうした時代に合わせたアピールだけでなく、「自分の学校は○○を大切にしている」「こういう生徒を育てたいと考えている」……といったブレないその学校の本質的なもの、いわば蕎麦屋のメニューにも目を向けてはどうでしょう。

あと100日に親ができるスコアアップ

森上教育研究所 所長　森上展安

来年の受験に向けてあと3カ月、100日というタイミングでなにをどうしたら合格が得られるか、が本稿のテーマです。

とくに今年の小6生はコロナ禍に見舞われ、普段なら夏休みという時期まで変則での授業を強いられましたから、おそらく学業の仕上がりは例年どおりというわけにはいかないでしょう。

自覚があり、自己のペースや理解度を自分自身で判断できる、やや成長の早い小学生なら、それでもなんとか例年と同じレベルに達しているのではないかと思います。

しかし多くの小学生は、塾講師のリアルな指導でこそ学習内容が身につきますし、わからないこともわかろうとしてきました。それがかなわなかったのですから、一部の早熟な小学生と、大多数のふつうの小学生との学力差はこれまでになく開いている可能性も高いものと思われます。

そこで、大多数である後者の小6生とその保護者ができる、これからのスコアアップの取り組みについて述べようと思います。

志望校の出題レベルを徹底して研究する

まず合格することを目標にするのですから、志望校ではどのレベルの内容が出題されるのかを確認し、さらに研究します。

多くの学校の入試問題は基礎基本の知識問題と、少々論理立てて考えていく応用問題とで構成されます。

後者の応用問題がクセものですが仮に正答率50％程度の問題までで線を引いて考えてみます。そのレベルまでの問題が正答できればはたして合格できる、といえるかというと筆者の調べでは、難度でいうと偏差値55以下くらいまでのほとんどの学校で合格者平均点に達します。つまりそこまでできればたいていの学校は合格できます。

それができたら、出題分野に偏りがないか（過去問を見てかならず図形がでているとか、ある分野が結構でているとか）を見ておきましょう。そして学校側の情報は11月以降の「入試説明会」で詳しく話してくださいますから、かならず参加してください。

それだけやると視界がひらけます。あとは基礎はもちろんですが、応用について分野別に約2カ月でつぶしていきます。「つぶす」というのはひと通り問題にあたり、記録をつけて弱い部分があれば何度もやって得意にまでしておくことをさします。

以上は中堅校（偏差値55まで）にあてはまる現実です。まずこうした確実に合格できる学校で進学したいと思うところを決めてください。

なお、前記した正答率が50％（大手模試）のレベルですが、そのレベルであれば何度か繰り返しやればかならずできます。正確にいえば80％

森上教育研究所 所長
森上 展安

もりがみ・のぶやす　1953年生まれ。早稲田大学卒業。1988年に森上教育研究所を設立。学校の分析・情報に詳しく、中学受験、中高一貫の中等教育分野を対象とする調査・コンサルティング、講演、執筆等を行う。

の人はかならずできます。

このような問題は塾で学び、家でも解いてみるのですが、塾での滞在時間が過半を占めるでしょうから、塾でやっている問題が、当面めざしている安全校（安全確実な学校）の応用問題レベルのどこにあたるものかを知っておきたいところです。

これをチェックするのは本人ではなく多くの場合、親です。この分野のこの例題・類題と似ている、という問題を集め、分類をしてチェックするのです。見たこともない問題がないくらいになれば目的達成です。

正答率50％の問題は絶対にできるようにする

ただ国語はそのような分類はしにくいので、テーマで分けると便利です。テーマとは題材であつかわれている主たる問題です。算数とちがってテーマの傾向は出題校によって偏りがあるのでチェックしやすいはずです。時事問題などと同じでどんなことがあつかわれているか概要をつかんでおくとそれで正解できる見通しがつきます。

国語につけ加えると、塾でやる問題は過去の入試問題もあれば、受験問題集からぬき取ったものもあるでしょう。コピーして分野ごとのファイルにしておきます。それをすぐ取りだせるようにしておき、これまでこなした問題と同じだったり似ているものはないか、などをチェックしてください。

パソコンに堪能な保護者ならこの作業はお手のものでしょう。

ペースメーカーとなるのは11月、12月、1月にある大手模試です。

合否判定にいかすのは11月と12月の解答返却です。ここでも正答率50％以上の問題で落としている問題を探しだし徹底してできるようにすること。落とした問題でも、この時期になれば、おそらく途中までは理解できているので、本人にとっても、これを正解にすることは簡単でしょう。これもファイルしてかならず正解できるようにします。

さて、これで12月までです。あと1カ月を切る1月は、埼玉、千葉、茨城で入試が始まります。そこで第1志望の入試があるのなら、直前まで最善をつくしてください。最善をつくすとは、貯めたファイルを改めて、かならず正解できるようにしてきた問題を絶対に正解する、という「最善」です。

そして過去問題をやって、時間をはかり配分のペースをつかみます。

1月のおもしろいところは1月入試などで本番を経験すると俄然（がぜん）、本気モードになることで、そうなると学力の伸びも大きくなります。

よく伸びて第1志望校とは別にチャレンジしたい学校があれば、それもよいでしょう。しかし、第1志望校の入試は不動です。

コロナ禍での模試により、いま偏差値があてになりにくい状況です。とくに受験生の学力は仕上がりが不安定で甘くでがちになっています。偏差値より正答率や問題自体の難度をみて、できるべき問題か、むずかしすぎて、みんなができないので心配しなくていい問題かをテストごとに確認してください。

最後には問題をみると解き方が浮かび自信をもって解答できるようになります。こうなるとワンランク上の難関校にも可能性がでる実力ですから、問題との相性がいい学校なら難関校受験も一案です。

ピックアップスクール

誰も知らない未来を創れるヒトに。

桜丘中学校

（さくらがおか）

School Information（共学校）

所在地：東京都北区滝野川1-51-12
アクセス：JR京浜東北線・東京メトロ南北線「王子駅」徒歩7分
TEL：03-3910-6161　URL：https://sakuragaoka.ac.jp/

一橋大学と東京医科歯科大学に現役で合格！

首都圏の私立中学校のなかでも、先進的なICT教育を推進する桜丘中学・高等学校（以下、桜丘）。以前から国公立大学への進学に力を入れており、近年、その成果が少しずつ表れ始めています。

2020年度大学入試では、276名の卒業生が、国公立大33名、GMARCH等の難関私立大に105名の現役合格者をだすなど、AIを活用した放課後講座など、ICT環境を活かした効率的学習法で、難関大への現役合格者を年々増やしています。なかでも注目したいのが、中高一貫生の躍進です。2020年度は、一橋大学、東京医科歯科大学、茨城大学など、国公立大合格者の多くが中高一貫生でした。

授業、放課後講座でiPadは大活躍

みんなの前で自信を持ってプレゼンテーション

「中学1年から行っている学習サポートで、地道にコツコツと能動的に学ぶ姿勢を育成してきたことが、大学の合格実績に少しずつ表れ始めているのだと思います」と入試募集部長の清水美子先生は話されます。

自学自習力を高める学習サポート

桜丘が中学1年から3年間継続して行っている学習サポートが、「SSノート（Self Study Notes）」と「カテガク（家庭学習帳）」です。

「SSノート」は、1週間の学習計画を立て、実際にその計画どおりにできたかどうかを振り返ることで、PDCAサイクルを身につけていきます。「カテガク」は、宿題以外にノート2～3ページ分を自主的に学ぶための取り組みです。毎日、担任に提出しなければならないので学習習慣が身につき、何を勉強するか、自分に必要な学習は何かを自分自身で考えて自主的に学ぶようになります。

今年、一橋大学に現役で合格した生徒もこのカテガクで毎日学ぶという習慣を身につけています。

2021年度より高校新コースを設置

桜丘では、2021年度より、コースを再編し、生徒それぞれの目標に応じた4コース制を導入します。

新コースは、最難関大学をめざす「スーパーアカデミックコース」、難関大学をめざし総合的な学力を育てる「アカデミックコース」、英語力を活かした「グローバルスタディーズコース」、そして社会で求められる力を身につける「キャリアデザインコース」の4コースです。

中高一貫生は、高1で外部から入学する生徒と混合クラスとなり、それぞれの個性と将来の目標に応じたコースを選択できるようになります。

学校説明会

◆学校説明会
10月11日（日）10:00～12:00
11月15日（日）10:00～12:00
12月12日（土）14:00～16:00
1月16日（土）14:00～16:00

◆ナイト説明会
10月22日（木）18:30～19:30
11月20日（金）18:30～19:30

◆入試直前対策会
12月20日（日）9:00～12:00

※すべて事前予約制です。

志(ゆめ)なき者に成功なし

足立学園中学校(あだちがくえんちゅうがっこう)

東京都 足立区 男子校　https://www.adachigakuen-jh.ed.jp/

君はなんのために勉強していますか？　すべての人の心には気高い想いが潜んでいます。それを自覚し、人生でなにをするのかを探究することで志が育まれます。将来の日本、世界、地球のことを考え、自分がなにを成すべきかを一緒に探しませんか。

SCHOOL DATA

所在地：東京都足立区千住旭町40-24　**TEL**：03-3888-5331　**アクセス**：JR線ほか「北千住駅」徒歩1分、京成線「京成関屋駅」徒歩7分

守破離(しゅはり)で4Jを高める「志共育」

足立学園中学校（以下、足立学園）は、「質実剛健・有為敢闘」を建学の理念とし、91年前に地元のかたがたの熱意によって創立されました。教育目標は「自ら学び 心ゆたかに たくましく」。誠実でたくましく、優秀で社会の役に立ち、最後までやり遂げる人材の育成をめざしています。

すべての人の心の奥底に潜んでいる気高い想いである志を引きだし、ともに育む「志共育」を行っています。志があれば努力することができ、将来を自ら切り拓き、世のため人のために活躍できる人となれます。そのために、守破離の段階に応じたさまざまな教育活動で、4J（自尊心・自信・自負心・自己肯定感）を高め、自分の特性を見つけていきます。

海外プログラムは5種類あり、特に16歳以上で参加できるオックスフォード大学（ハートフォード・カレッジ）のプログラムは、日本の高校では唯一のものです（唯一の提携校）。また、ICT教育では、日本の中高で唯一、Microsoft Showcase School（教育ICT先進校）に認定されています。企業の多くがMicrosoftのOSとWord・Excel・Power Pointなどのソフトを利用するなか、足立学園では、生徒が学校から社会にスムーズに移行し、社会で活躍できる人材になるための学びのひとつとして、ICT教育を推進しています。また、進学サポートは16種類あり、講習やゼミはすべて無料で受講できます。約300席の都内最大級の自習室は、朝7時からほぼ年中無休で利用できます。

自習室は約300席
ほぼ年中無休で朝7時から利用できます

駅から近い！先生との距離も近い！男子校のよさ

男子校のよさは、異性や他人の目を気にせずいろいろなことに打ちこめること、互いに切磋琢磨してリーダーシップを育てることができること、自分をさらけだして男同士の深い絆を築けることです。このよさをいかし、多くの生徒が部活動で好成績を残し、一生涯の友人を得、希望の進路に進み、さまざまな分野で活躍しています。

また、生徒と先生の距離が近いのも大きな特徴です。学園祭では教職員バンド演奏が大変な盛りあがりをみせ、卒業2年後に行われる「成人を祝う会」には、ほとんどの卒業生が参加します。卒業生が日常的に学校に顔をだしています。

なんのために学び、なにを成し遂げたいのか。その答えは心の奥底にあります。それに気づき、引きだし、社会で活躍できる人材になるために、全教職員が全力でサポートしています。

学園祭後夜祭の教職員バンドが
大盛り上がりを見せます

学校説明会（要予約）

10月17日（土）10:00
11月 4日（水）18:00
11月21日（土）14:00
12月 2日（水）18:00

体育祭 ※今年度は中止
9月16日（水）

学園祭 ※今年度は中止
9月26日（土）・27日（日）

入試直前対策
1月16日（土）14:00

過ごし方の秘訣はこれ！
入試までの「あと100日」

入試まで「あと100日」というラストスパートの期間をどう過ごすか、その秘訣をお伝えします。これからの期間、まだまだ受験生の学力は伸びます。成功のカギを握る「あと100日」について、学習面、生活面の両方から見ていきましょう。

Fight!
受験まであと100日

大切なのは焦らず前向きに過ごすこと

9月に入り、入試本番まで残すところ「あと100日」という大きな区切りを迎えようとしています。

「あと100日」と聞くと残り時間を意識し、焦る気持ちを感じるかもしれません。とくにこの時期、多くの進学塾では、「入試まであと○○日」といったポスターが貼りだされるなどしているため、それを見ると、残された時間を実感し、不安に駆られることもあるでしょう。

しかし、これらの掲示物には、「まだこれだけの時間があるから、がんばろう」という応援の意味がこめられているのです。また、お子さんにとっては、「あと100日」という具体的な区切りを目にすることで、より受験生としての自覚が芽生えてくるものです。

考えてみれば、「100日」は、3カ月以上、1年の4分の1以上の期間にもなります。そう思うと、まだじゅうぶんに時間があると感じられるのではないでしょうか。

ですから、みなさんには「まだあと100日ある」と前向きにとらえて、これからの日々を過ごしていってほしいと思います。

しかし、受験には「本当に合格できるのだろうか」という不安がつきものです。その気持ちは、日数のカウントダウンが始まり、本番が近づけば近づくほど大きくなっていくかもしれません。

そんなときは、ご家族が「まだ○○日あるよ」といった、この期間を前向きにとらえられる言葉をお子さんにかけてあげてください。ご家族のあと押しによって、受験生の気持ちの持ちようは大きくかわってくるはずです。そして、ご家庭でのこうした余裕のある姿勢が、受験生にもプラスに働き、合格を引きよせることにもなるでしょう。

心と身体を休めることにも配慮する

「あと100日」あれば、入試本番に向けた総まとめや総仕上げをするのにじゅうぶんです。入試に向けたラストスパートとしての「あと100日」をどのように過ごすかが合格を手に入れるための重要なカギとなります。

まずは、やらなければならないことを整理することから始めます。そしてそれに基づいた学習計画を立てていきます。

計画を立てる際は、残り時間を意識し、「少しでも多く勉強時間を確保したい」と思うかもしれません。しかし、わずかな時間でもかまいませんので、心と身体を休める時間を取り入れた計画を考えるようにしましょう。

なぜなら、心身の健康も、志望校に合格するための大切な要素のひとつだからです。無理な計画を立て、入試当日に体調を崩してしまっては、それまでの努力が水の泡になってしまいます。

そのために、保護者のかたがたには、学習に関することだけでなく、受験生の健康管理にも気を配っていただきたいと思います。

それは、精神面についても同様で、精神的な疲れをできるだけ感じないようなご家庭での雰囲気づくりも大切にしてください。

では、「あと100日」をどのように過ごしていくべきか、学習面と生活面に分けて具体的に見ていきましょう。

学習面のポイント

アウトプットできる入試実践力を養う

中学入試における合否は、ほぼ100%、当日の学力試験の結果によって決定します。合格を勝ち取れるだけの学力を身につけ、その力を本番で発揮できるかどうかが問われているのです。

この「あと100日」の期間で受験生の学力はまだまだ伸びていきます。合格を手に入れるための学力を養うために、効率のいい学習方法を実践していきましょう。

具体的には、「これまでの学習の総まとめ」をしていくことで、「入試本番での得点力向上」をめざします。

いまの時期、受験生のみなさんは、すでにほとんどの分野について、ひととおりの学習を終えていることと思います。

しかし、これまでは、おもに知識をインプットするための勉強であり、それぞれの学習内容や各項目の関連性などがきちんと整理できていない場合もあるかもしれません。

そうすると、たとえば模擬試験などで実際に問題を解く際に、うまく知識を使うことができず、解答できなかったりミスをしてしまったりすることもありえます。

これは、いわゆる学力不足とはちがいます。必要な知識は学んでいるため、それを関連づけて整理することができれば、得点に結びつけることが可能になるのです。

そのために重要なのは、「総まとめ」を行い、インプットした学びを的確にアウトプットできる力を身につけていくことです。

そして、入試では総合的な学力が試されるため、それぞれの設問において対応できる実践的な学力が必要となります。この力をここでは「入試実践力」と呼びます。この入試実践力を、入試本番で確実に発揮できるようにしていきましょう。

過去問演習で出題傾向に慣れる

中学入試では、それぞれの学校で、設問形式、解答方法、難易度などが大きく異なります。

総まとめをしながら、入試実践力を伸ばしていくためには、各校で実施されてきた過去の入学試験問題（以下、過去問）の研究が欠かせません。

志望校の出題傾向に慣れていないと、模擬試験などでは合格可能性80%以上という数値がでているにもかかわらず、過去問では想像もしなかった点数しかとれず合格最低点に遠くおよばない、ということもおおいにありえる話です。

入試本番においても、初めてその学校の問題に接した受験生と、過去問で出題傾向を研究してきた受験生とでは、たとえ同レベルの学力を持っていたとしても、大きな差がついてしまいます。それは学力面だけに

かぎらず、精神面においても同様です。

　これらのことからもわかるように、過去問研究は必要不可欠です。合格を手にするためにも、志望校の過去問には一定年数分、取り組みましょう。

　過去問を解いていくことで、合格を得るための答案作成テクニックを身につけられます。ただしテクニックといっても、けっして小手先のものではありません。各校の出題傾向に即した解答力、基礎学力を土台とした入試実践力のことです。

　入試実践力を伸ばすことは、志望校合格のために養わなければならない力、ここでは「合格力」と呼びますが、これを高めることにもつながります。

過去問集は早めに手に入れよう

　以上のように、過去問に取り組むことは、大きな意味がありますから、まずは、志望校の過去問を手に入れましょう。

　多くの学校の過去問集は、複数の出版社からだされており、書店やインターネットで注文して購入することができます。

　市販されている過去問集には3～5年分がまとめて載せられているので、掲載されている分は、すべて解くようにしましょう。これは第1志望校はもちろんのこと、併願校においても同じです。

　現時点でまだ受験する学校が決まっていない場合でも、受験を考えている学校の過去問は早めに手に入れておきたいものです。

　しかし、なかには、過去問が市販されていない学校もあります。そうした場合は、学校の窓口や説明会で手に入れられることも考えられますので、まずは学校に問いあわせてみましょう。なお、配布されるものは、市販のものとは異なり、解答や解説がついていないこともありますので、注意が必要です。

　61ページからは、具体的な過去問演習の目的や注意点、各教科の勉強法について、詳しく紹介していますので、ぜひ読んでください。

　過去問演習に取り組むことで入試実践力を伸ばし、復習をしっかり行うことで学習の総まとめをし、合格力を養いましょう。「あと100日」あれば、合格力を高めることはじゅうぶんに可能です。

生活面のポイント

頭と身体の両方を朝型へ移行する

　つぎは生活面についてのポイントをお伝えします。

　一般的に入試は、朝から午前中にかけて実施されるため、これからの生活では朝型に移行することが重要になります。

　近年は午後入試を導入している学校も増加しています。しかし、午後入試を受験する場合であっても、午前中にほかの学校を受験し、その後、午後入試にのぞむという場合が多いと思います。ですから、朝型への移行は必要です。

　受験直前になって、急激に朝型へ移行することは、個人差もありますが、無理がともないます。受験生に大きな負担がかからないよう、余裕を持って行うようにしてください。遅くとも1カ月以上前から変えていくことをおすすめします。

　ただ、入試本番、そしてその1カ月前も寒さが厳しく、朝起きるのがつらい時期でもあります。そのため、可能であれば、秋ごろから少しずつ朝型に移行できるのが理想です。就寝時間を徐々に早めていき、早起きを習慣づけていきましょう。

　朝型にする目的は、たんに早く起きることではありません。試験が始まる時間までに、頭がしっかりと働くようにすることが重要なのです。ですから、身体だけではなく、頭も朝型へ移行していくことに大きな意味があります。

　では、頭を朝型にするにはどうすればいいのでしょうか。

　それは、朝起きてからの学習（20～30分ほど）を習慣づけることです。学習内容は漢字の練習や計算問題、社会や理科の一問一答など、短時間でできるものでかまいません。

　早起きと朝学習が習慣になり、ある程度まとまった時間がとれるほど、早く起きれるようになったら、過去問演習を少し取り入れてみるのもおすすめです。

　ポイントは、どのような学習に取り組むにせよ、前日のうちに、なにをするか決めておくことです。朝起きてから学習内容を考えていては、いつのまにか時間が経ってしまい、結局なにもしなかったということにもなりかねず、時間がもったいないです。

時間を有効に使うためにも、翌朝取り組む予定の教材やノートを机の上に準備してから眠りにつくといいですね。

ご家族は最も頼れるサポーター

学習面、生活面に分けて、「あと100日」の過ごし方をみてきました。ラストスパートに向けて、じゅうぶんな時間が残されていることがおわかりいただけたと思います。

しかし、前述したように、「あと100日」という長い期間だからこそ、スランプにおちいることや、やる気がでない日もあるでしょう。ときには厳しい現実を感じることもあるかもしれません。

そんなときは、ご家族の応援がいちばんです。もちろん、実際に勉強するのは受験生本人ですが、最も頼れるサポーターであるご家族の応援は、本番に向けてがんばる受験生に大きな力を与えてくれるはずです。

家族団らんの場では、「○○中学校に入学したらなにがしたい？」「いまがんばったら、楽しい中学校生活が待っているよ」といった明るい未来を想像できる会話をしてください。それが、受験生の励みになるでしょう。

12歳で合否がともなう受験に挑戦するのは大変なことです。それでも、不安や困難を乗り越えながら受験勉強に全力で取り組み、合格に向けて努力していくことは、その結果にかかわらず、かならずいい経験になるでしょう。

これこそが、受験をすることの真の意味ともいえます。だからこそ、受験をしない選択肢もあるなかで、あえて中学受験に挑戦するご家庭が多いのです。

ここでご紹介した過ごし方をヒントに、「あと100日」を悔いなく過ごしてください。みなさんの願う結果がでることを心よりお祈りしております。

東京純心女子中学校
高等学校
Tokyo Junshin Girls' Junior and Senior High School

学校説明会【要予約】
10月 3日(土) 10:30～12:30 今だからこそ伝えたいこと②
11月14日(土) 10:30～12:30 今だからこそ伝えたいこと③

個別相談会【要予約】
11月21日(土) 13:00～16:00
11月28日(土) 13:00～16:00
1月16日(土) 13:00～16:00

小6対象入試体験会【要予約】
12月 5日(土) 14:00～16:00
1月 9日(土) 14:00～16:00 小6入試体験会ファイナル

適性検査型説明会【要予約】
12月20日(日) 9:00～10:00

クリスマス・ページェント【要予約】
12月20日(日) 10:30～12:30

適性検査型、タラント発見・発掘型 ミニ説明会【要予約】
1月16日(土) 10:30～12:30

日程は変更になる場合がございますので
最新の情報を本校ホームページでご確認ください。

〒192-0011 東京都八王子市滝山町2-600
TEL.(042)691-1345(代)
併設／東京純心大学
現代文化学部(こども文化学科) 看護学部(看護学科)
http://www.t-junshin.ac.jp/jhs/
E-mail j-nyushi@t-junshin.ac.jp
交通／JR中央線・横浜線・八高線・相模線 八王子駅
京王線 京王八王子駅より バス10分
JR青梅線 拝島駅・福生駅、五日市線 東秋留駅よりバス

開智未来中学・高等学校

開智学園のＩＣＴパイロットスクール タブレット活用で休校中も充実したオンライン授業

３I'sで国際社会のリーダーを育てる

開智未来は２０１１年4月、開智中学・高等学校の「教育開発校」をコンセプトに開校し、10年目を迎えました。

開智学園では、「国際社会に貢献する創造型発信型リーダーの育成」を共通の教育理念としています。その実現にあたり、開智未来では、３I's(探究活動・英語発信力・つなげる知能としてのＩＣＴ)を教育の柱として、「知性と人間をともに育てる」さまざまな取り組みを実践しています。

学びのスキルを鍛える

開智未来では、関根顧問（初代校長）が開発した「学びのサプリ」の考え方のもと、中学3年間徹底した学びの基盤づくりを行います。

「6つの授業姿勢」（ねらい・メモ・反応・発表・質問・振り返り）、「メモのスキル」、「学び合い」、「思考・論文作成・発表のプロセス」、「英語発信力」などを関根顧問の「哲学」の授業で学びます。そして、その哲学の授業で身についた「学びのスキル」が身体化し、日常の授業自体が「アクティブ・ラーニング」となり、質の高い授業で生徒の「教科学力と志」を育てています。

長野県飯山での里山フィールドワーク（中１生）

探究活動

開智未来では、フィールドワークをはじめさまざまな探究活動を行っています。中学1年は長野県飯山での「里山フィールドワーク」です。ブナ林探究や水中生物探究で40ページのスケッチを完成させ、観察・発見・疑問をつうじて「探究」の基礎を磨きます。

中学2年の福島県での「ブリティッシュヒルズフィールドワーク」では、2泊3日間オールイングリッシュにチャレンジします。そして中学3年の関西方面の「探究フィールドワークＨプロジェクト」では、2日間の個人研究を行うほか、広島で英語の「平和宣言文」を発表するなど、生徒の活動もさらにパワーアップしました。

さらに高校1年での「才能発見プログラム」では興味関心のある分野について1年間かけて研究します。メンター（師匠）として1人の教員が1年間指導にあたるなど、「共育：ともに育つ」の精神

《2021年度入試 説明会日程》

項　目	日　程	時　間	内　容
体験授業	9月22日（火）	9:00～12:00	小学生サプリ 選択授業2コマ（生徒） 保護者対象説明会
探究型入試演習	10月17日（土）	9:45～12:00	思考力と基礎学力を図る入試の演習 保護者対象説明会
	12月　5日（土）		
４教科型入試解説会	11月23日（月）	9:30～12:00	各教科の作問者による入試解説 入試・学校説明あり
	12月19日（土）		

※すべて予約制です。実施１か月前からホームページよりお申込みください。

■2021年度入試日程　募集定員120名（T未来30・未来60・開智30）

	1月10日(日)	1月11日(月)	1月12日(火)	1月15日(金)
午前	＜開智併願型＞ 開智中学校の入試	＜探究１＞ 計算・読解＋探究	＜探究２＞ 計算・読解＋探究または英	＜第２回＞ 4科・3科(国算英)・2科
午後	＜T未来＞ 3科（国・算・理）	＜第１回＞ 2科（国・算）	＜算数１科＞ 算数	

※開智併願型…開智中学の入試で開智未来中学の合否判定ができます。T未来クラス（特待生）と未来クラスを判定します。
※T未来………T未来クラス（特待生）のみを判定します。
※算数１科……T未来クラス（特待生）と未来クラスを判定します。

広島での英語平和宣言（中学３年）

も開智未来の特色です。

世界水準の思考力と英語発信力

探究活動の集大成である高校２年の「ワシントンフィールドワーク」（全員参加）では、スミソニアン博物館での自由研究や現地の大学での講義などを体験します。また、その事前調査や研究成果について、タブレットを用いながら英語で発表するという取り組みを行っています。

さらに希望者に対する校内実施の「エンパワーメントプログラム」、春休みに実施する「オーストラリア語学研修」、夏休み実施の「カリフォルニア大バークレー校次世代リーダー養成研修」など、開智未来では、豊富な海外体験の機会を準備しています。

つなげる知能・ICT活用

加藤友信校長は、文部科学省からも表彰を受けた情報分野の第一人者です。開智未来では、２０１７年度入学生よりタブレットを段階的に導入し、現在は、在校生全員がタブレットを所有しています。日常の授業だけではなく、課題の指示や提出、探究活動の研究・発表、学校からの連絡事項など、学校生活に幅広く活用されています。

特に今回の新型コロナにおける休校期間中では、朝のホームルームや健康観察をはじめ、３か月間で２３６０本のオンライン授業動画を配信するなど、在校生からも高い評価を得ています。

加藤校長も自ら情報教育に関わる

少数制だからできる一人ひとりの進路希望実現

開智未来は、募集定員1学年１２０名（高校募集含めて２００名）と少数制で、「一人ひとりを丁寧に育てる」をモットーに、開校以来、毎年、進学実績を伸ばしています。高校3年次には、難関理系・国立理系文系・私立理系文系と進路希望別の6コースで選択授業を行うなど、きめ細かな進路指導に定評があります。

２０１７〜２０１９年度の3年間の卒業生（５０９名）を見てみると、東京大学をはじめとした国公立大学へ１１０名、早慶上理ＩＣＵに１０６名の合格者をだしています。

来春、医系コース（高2から選択）1期生が卒業するため、今後、さらに難関大学への合格者が多数輩出されることが期待されています。

8つのスクールバス拠点で1都5県が通学圏

開智未来中学・高等学校

Mirai

【スクールバス案内】
JR宇都宮線/東武日光線・・・・・栗橋駅下車　スクールバス18分
JR宇都宮線・・・・・・・・・・・古河駅下車　スクールバス20分
JR高崎線・・・・・・・・・・・・鴻巣駅下車　スクールバス55分
東武伊勢崎線・・・・・・・・・・加須駅下車　スクールバス25分
東武伊勢崎線・・・・・・・・・・羽生駅下車　スクールバス30分
東武伊勢崎線・・・・・・・・・・館林駅下車　スクールバス35分
東武日光線・・・・・・・・・・・柳生駅下車　徒歩20分・自転車7分

所在地　〒349-1212 加須市麦倉1238　TEL 0280-61-2021
URL　https://www.kaichimirai.ed.jp/

神田女学園(かんだじょがくえん) 中学校 高等学校

東京都　千代田区　女子校

神田女学園のさらなる改革

「革新的女子教育校」として２年前からさまざまな教育改革を進める 神田女学園中学校・高等学校。2020年度から、さらに新たな改革が始まっています。

所在地：東京都千代田区神田猿楽町2-3-6　アクセス：JR線・都営三田線「水道橋」徒歩５分、地下鉄半蔵門線「神保町」徒歩５分
TEL：03-6383-3751　URL：https://www.kandajogakuen.ed.jp

「革新的女子教育校」として世界標準の教育を進める

これまでの日本の中学校、高等学校の教育には見られなかったユニークで斬新な教育改革を推進する神田女学園中学校・高等学校（以下、神田女学園）。２０１８年に副校長として着任以来、精力的に改革を推進する宗像諭校長に、これまでの取り組みについてうかがいました。

「これからの時代、女子教育を提供する私学としてのアドバンテージを最大限に伸ばしていかないと、みなさんから本当に支持される学校にはなれないと思います。そういう思いで、１３０年にわたりずっと大切にしてきた女子教育を根底におき、学内に点在していたさまざまなプログラムを見直し、リベラルアーツ教育、トリリンガル教育、そしてダブルディプロマプログラム（ＤＤＰ）などといった新しい学びを取り入れた改革を進めています」と宗像校長。

リベラルアーツ教育は、神田女学園がめざす「深い知識と広い教養を備えた品格ある個人」へと成長させるために、教科の枠を越えた、実社会とのつながりを理解するための学びです。そのなかでも多様性を理解し、自分の考えをしっかりと伝えることができるようになるための言語運用

能力（ランゲージアーツ）の向上が重要だと考え、英語と母語とのバイリンガル教育はもとより、もうひとつの言語を学ぶトリリンガル教育を実践しています。

「9月からオランダの留学生を受け入れます。『異なる母語を持つ人たちが、英語を介して理解しあう』、それが本当のグローバル教育だと思います。将来的には、多言語教育でマルチリンガルな生徒を育てたいですね」と宗像校長。近年、神田女学園の教育に惹かれて、世界各国からの問い合せや入学が続いています。その生徒たちのために第二外国語として日本語を丁寧に指導する講座も今年度から実施するなど、日常の学校生活にグローバル環境があるのも神田女学園の特長です。

そして、神田女学園が「革新的女子教育校」として導入したDDPが、2020年度よりさらに進化を遂げています。

3か国で実施するDDPと教育プログラムの強化

神田女学園のDDPは、海外提携校へ留学・進学することで、その現地校と神田女学園の両方の高校卒業資格が取得できる現地型DDPです。2020年度より、これまでのアイルランドの教育提携校に加え、ニュージーランドとカナダの教育提携校が新たに加わります。これにより、アイルランドではリベラルアーツ、ニュージーランドは英語アウトプットの強化、カナダは理系の学びといった3つの教育内容から、自分が学びたい国と教育を選択して留学することが可能になります。

そしてDDPだけでなく現在のプログラムも強化中です。

「今年度から、高校で理系単独クラスを立ち上げました。サイエンスリテラシーをもっと深めたい生徒が増えてきたのがきっかけです。また、ネイティブとバイリンガルの教員が全体の半数以上になりましたので、これからは『英語を学ぶ』のではなく、『英語で学ぶ』プログラムを増やしていこうと思います」（宗像校長）

また、K-SAMTプログラムという、「放課後の時間をデザインする」独自のサポート制度を導入し、生徒一人ひとりの学習管理を行いながら、基礎学力の定着から難関大学進学のための応用力を身につけていきます。さらに図書室・保健室・カウンセラーの三室によるメンター制度などを導入し、生徒の充実した学校生活を支えています。

2021年度から新しいコース・クラスが再編

2021年度から、中学のグローバルクラスは、「DDPクラス」と「LSP（ロングステイ）クラス」の2クラス体制で募集を行います。

「本校は日本に4校しかないDDP導入校のひとつで、かつ現地型DDPのパイオニアです。DDを取得したいという高い志をもって入学する生徒を特待生として応援します」と宗像校長が話すように、2021年度入試では、DDP特待生選抜入試が実施され、上位20％に特待生として、授業料免除+留学助成金が与えられます。もちろんDDPをめざすために不可欠な英語力やグローバルマインドを身につけるプログラムも充実しています。

また、中高6年間の教育課程も見直されます。中1から高1までの4年間を一般教養課程とし、圧倒的な基礎学力と英語力を身につけるカリキュラムを導入します。そして、高2進級時に、新たに再編される3コース・6クラスのなかから自分の適性にあったクラスに進級します。

「どんな人になりたいか、どんな生きかたをしたいかという目標に合わせたクラス編成になっていますので、自分が決めた目標に堂々と向かっていってほしいです。とくに多言語を扱えるようになる『ランゲージアーツクラス』や高度医療社会を想定し、『真の医療人』をめざす『メディカルテクノロジークラス』など次世代に求められる能力を養う教育をするクラスもあります」と宗像校長。

生徒の非認知能力の向上を重要とうけとめ、独自の教育活動を展開する神田女学園。今後、「世界標準の教育プログラム」を導入することを前提にさらなる改革を進めています。

学校説明会
（要Web予約）

9月13日(日) 9:25
19日(土)14:00
10月17日(土)14:00
11月 8日(日) 9:00
28日(土)10:00
12月19日(土)14:00
1月10日(日) 9:25
16日(土)10:00
24日(日) 9:00

Kamakura Gakuen Junior & Senior High School

鎌倉学園 中学校 高等学校

最高の自然・文化環境の中で真の「文武両道」を目指します。

https://www.kamagaku.ac.jp/

【中学校説明会】

2020 **2021**

9月 9日(水)10:00～・10月17日(土)13:00～
11月 7日(土)13:00～・11月24日(火)10:00～

ホームページ学校説明会申込フォームから予約の上、ご来校ください。
※各説明会の内容はすべて同じです。(予約は各実施日の1か月前より)

【中学入試にむけて】

12月12日(土)10:00～11:30、13:00～14:30

2021年度本校を志望する保護者対象(予約は1か月前より)

〒247-0062 神奈川県鎌倉市山ノ内110番地 TEL.0467-22-0994 FAX.0467-24-4352 JR横須賀線 北鎌倉駅より徒歩約13分

互いの価値観を尊重し
一人ひとりの個性と自主性が
発揮される校風

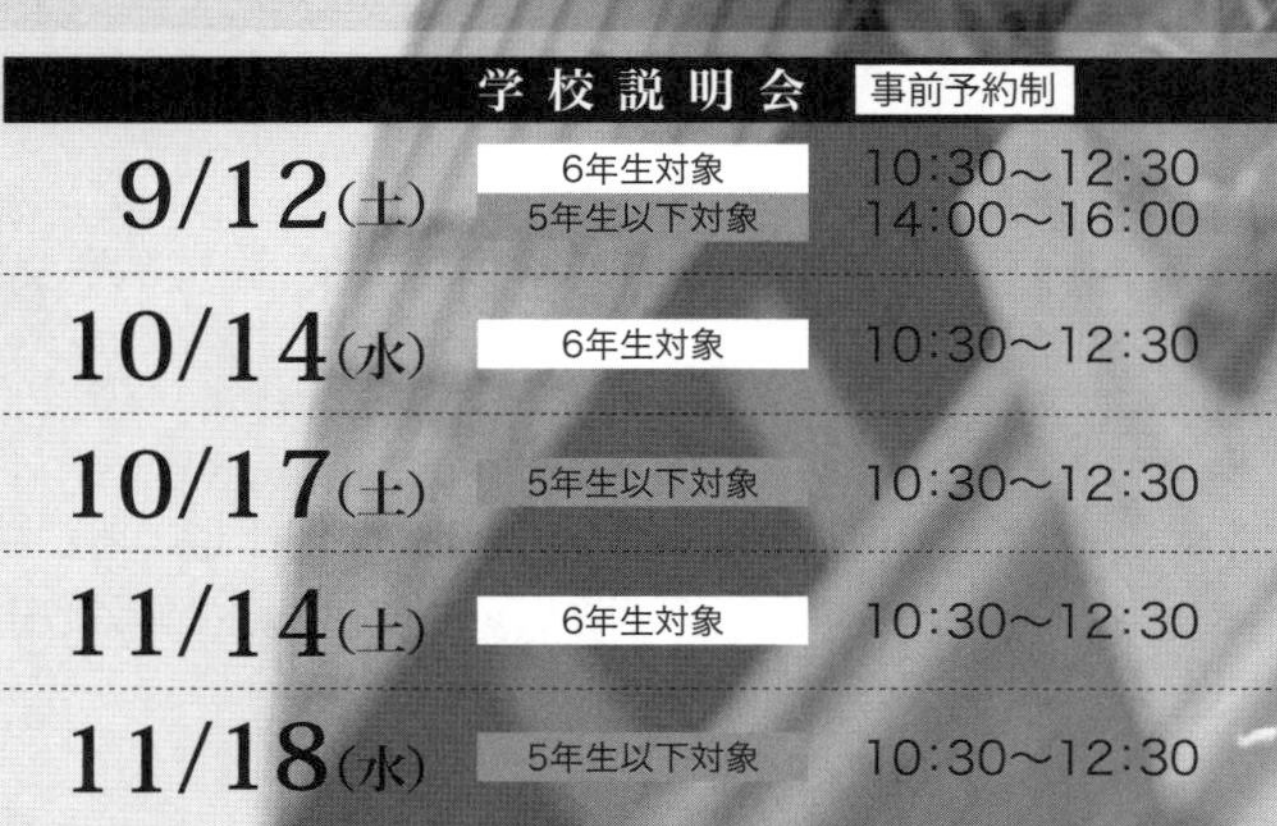

学校説明会 事前予約制

9/12(土)	6年生対象	10:30〜12:30
	5年生以下対象	14:00〜16:00
10/14(水)	6年生対象	10:30〜12:30
10/17(土)	5年生以下対象	10:30〜12:30
11/14(土)	6年生対象	10:30〜12:30
11/18(水)	5年生以下対象	10:30〜12:30

※WEB開催に変更する可能性があります 開催日前に必ずホームページでご確認ください。

WEB開催 文化祭［吉祥祭］ 事前予約制

11/7(土)・8(日)

WEB開催 オープンキャンパス 事前予約制

11/21(土) 3〜6年生対象

WEB開催 入試問題説明会 事前予約制

12/13(日) 6年生対象

●2021年度 入試概要

	第1回	第2回
募集人員	134名	100名
試験日	2/1(月)	2/2(火)
試験科目	国語・算数・社会・理科	

各イベントの詳細は開催時期が近づいたところでホームページでご確認ください。

吉祥女子中学・高等学校

https://www.kichijo-joshi.jp/

〒180-0002 東京都武蔵野市吉祥寺東町4-12-20 TEL:0422(22)8117

■JR中央線・総武線・地下鉄東西線直通「西荻窪駅」下車 徒歩8分 ■西武新宿線「上石神井駅」から西荻窪駅行きバスにて15分「地蔵坂上バス停」下車 徒歩8分

リベラルでフェアな精神を持った「新しい紳士」を育てる。

海城中学高等学校

〒169-0072　東京都新宿区大久保3丁目6番1号　電話03(3209)5880(代)
交通 JR 山手線「新大久保」駅から徒歩5分・地下鉄副都心線「西早稲田」駅から徒歩8分

田園調布学園 中等部・高等部

100年の人生を自分らしく輝くために

建学の精神「捨我精進」のもと、協同探求型授業、土曜プログラム、行事、クラブ活動など体験を重視した教育活動を展開しています。生徒が学内での活動にとどまらず、外の世界へも積極的に踏み出していくよう後押しします。

2020年度 学校説明会

10月31日(土) 13:00～
11月 6日(金) 10:00～
12月 5日(土) 10:00～
12月10日(木) 19:30～
2021 1月12日(火) 19:30～

帰国生対象学校説明会 10月31日(土) 15:00～

なでしこ祭（文化祭） 10月17日(土)・18日(日)

2021年度入試日程

	第1回	午後入試	第2回	第3回	帰国生
試験日	2月1日(月) 午前	2月1日(月) 午後	2月2日(火) 午前	2月4日(木) 午前	12月6日(日) 午前
募集定員	80名	20名	70名	30名	若干名
試験科目	4科 (国・算・社・理)	算数	4科 (国・算・社・理)	4科 (国・算・社・理)	2科 (国・算または英・算) 面接

※各種イベントは、今後変更の可能性があります。必ず本校ホームページでご確認ください。

詳細はHPまたはお電話でお問い合わせください

〒158-8512 東京都世田谷区東玉川2-21-8
TEL.03-3727-6121 FAX.03-3727-2984

https://www.chofu.ed.jp/

新しい取り組みは学園ブログやFacabookにて更新していきます。ぜひご覧ください。

https://www.chofu.ed.jp/

明日に伸びる！ この１校

城北中学校・高等学校

東京 男子校

城北の先生に聞く！

数学科：渋谷隆之先生

中高一貫の男子進学校として、都内でも圧倒的存在感を誇る城北中学校・高等学校（以下、城北）。今回は、城北の数学科教諭として14年目を迎える渋谷隆之先生にお話を伺いました。

今の自分があるのは城北中高の先生のおかげ

【Q】先生になろうと思ったきっかけを教えてください。

【渋谷先生】きっかけは小学生のころの「ごっこ遊び」です。当時、先生たちが学校でとても楽しそうに見えたので、友達とよく先生ごっこをして遊んでいました。それが先生になろうと思った最初のきっかけです。

私は、城北の中高時代、斜にかまえて物事を見ることはあまりない生徒だったように思います。多少は思い通りにいかなかったこともありましたが、中高6年間はいい思い出ばかりです。こんな素晴らしい学校生活を送らせてもらったのも、この城北という環境のおかげだったので、私も将来は、この学校の先生になりたいと思うようになりました。

高2のころ、体育か数学かどちらかの先生になろうかと迷っていたので、担任の数学の先生に相談したところ、「スポーツは部活で、数学は授業でやれば両立できる」といわれ、なるほどな、と思いました。その先生とは、今では同僚として一緒に働いています。

数学について熱く語る渋谷先生

【Q】数学を選んだ理由とその魅力について教えてください。

【渋谷先生】小学生のころから算数が好きで、特に答えがすぐに出る単純な計算作業が好きでした。中学に入ってからは、数学の問題を自分なりに時間をかけて考えることが好きになりました。数学は、一度理解してしまうと、それを色々な場面で応用できるようになるので、知的な科目として魅力を感じました。

数学は、理系では根幹をなす科目だと思います。将来、どんな分野に進んだとしても、数学で鍛えた論理的な思考力は必ず役に立ちますし、社会ではそれを応用する力が求められます。その力を育むための土台となることが、数学の魅力だと思います。

城北は自由度が高く、チャレンジ精神旺盛な先生と生徒がいる

【Q】授業で何か工夫されていることはありますか。

【渋谷先生】1回50分の授業では、3割くらいの時間が説明で、あとは生徒たちに考えさせ、作業する時間にあてるよう心がけています。数学では、じっくりと考えて作業することに大きな意味があります。それぞれの過程に至るまでの理由づけをしっかり理解し、論ずることができるようになると、より理解が深まっていきます。

また、授業では、あえて間違った説明をすることがあります。生徒には、こちらの説明をそのまま鵜呑みにするのではなく、「何か変じゃないか？」「これで良いのか？」という疑問を感じる瞬間をもってもらいたいからです。それが、課題発見力・課題解決力の育成につながっていくのだと思います。もちろん、最終的には正しい考え方を説明しますが。

中学入学から現在まで城北を愛する渋谷先生

【Q】現在行っているオンライン授業について教えてください。

【渋谷先生】オンライン授業でも、インプットよりもアウトプットを大切にしています。土曜日以外の週5回、午前中に10分程度の授業動画を配信し、その後40分、生徒は課題に取り組みます。その日の午前中に課題を提出させ、夕方までには添削して、生徒に戻すようにしています。通常授業では、机間巡視することで、色々な注意がその場でできますが、オンラインだとそれができないので、ノートを写真で撮って送らせて、間違った解き方をしていないかなど、全部チェックしています。

午後は、その日の課題の出来具合をみて、間違いが多かったところやどうやったらもっとうまく工夫できるかなどといった解説動画を配信しています。

【Q】今回のオンライン授業で感じたことなどお聞かせください。

【渋谷先生】毎日の課題の解説動画が、生徒にとってはとても意味のあるものだと考えています。いつでも自分のペースで確認することができ、復習に役立つのではないでしょうか。今後、通常の授業に戻っても、この解説動画を残していけたらなとも考えています。また、自分で時間を管理して様々な教科の配信を受けなければいけないので、生徒の時間管理能力はある程度高まったのではないでしょうか。

陸上部の顧問として、毎日生徒と一緒に汗を流す

城北は比較的自由にやれる学校なので、同僚の教員たちも、それぞれの考えで試行錯誤しながら新しいことにチャレンジしています。そういう周囲の同僚の姿を見て、私も大変刺激を受けています。

【Q】最後に、受験生へのメッセージをお願いします。

【渋谷先生】城北では、自分がやる気になれば、勉強はもちろんのこと、運動部での活動も、文化部での研究でも、何でも突き詰めてやれる環境があります。中高6年間を勉強はもとより他の何かにもとことん打ち込んでみたい、と考えている生徒さんに来てもらえたら嬉しいです。

城北中学校・高等学校

◆住所
東京都板橋区東新町2-28-1

◆アクセス
東武東上線「上板橋駅」徒歩10分、地下鉄有楽町線・副都心線「小竹向原駅」徒歩20分

◆TEL
03-3956-3157（代）

◆URL
https://www.johoku.ac.jp/

志望校選択 4つのギモン

受験は、志望校を選ぶことから始まります。さまざまな選択肢があるなかで、お子さんにぴったりの学校を選ぶためにはどんなことを気をつければいいのでしょうか。4つの疑問に沿って考えていきますので、ぜひ参考にしてください。

ギモン1 志望校選びにはどんな観点が必要？

現在、首都圏には300校以上の私立中学校が所在しています。そのなかから、お子さんの性格やご家庭の教育方針に沿って学校を選べるというのは、中学受験における大きなメリットといえるでしょう。

しかし、それだけ数多くある学校のなかから、お子さんにぴったりの学校を選びだすのは、簡単なことではありません。つい、「偏差値が高いから」「知名度があるから」というような一般的な評価を頼りにしてしまいがちになります。

志望校を選ぶということは、お子さんが中高の6年間という長く大切な期間を過ごす場所を選ぶということです。ですから、偏差値や知名度のようなわかりやすい指標だけでなく、多様な観点から学校をみていくことが大切です。

このコーナーでは、ほんとうにお子さんに合った学校を選ぶために考えたい4つの疑問について、詳しく説明します。保護者のみなさんには、これらを参考にして、慎重に志望校を選んでいってほしいと思います。

偏差値は判断材料のひとつにすぎない

実際に志望校を選択するとき、どうしても気になるのが「学力が入試を突破できるレベルにあるか」という点です。これをはかるための指標が偏差値ということになりますが、だからといって模試の結果だけを参考にしていては、入学後にミスマッチが起こる可能性があります。

前述のとおり、大切なのは「その学校がほんとうにお子さんに合っているか」という点です。その判断をするためには、「男子校（女子校）か共学校か」「校風や雰囲気が本人の性格と合っているか」「通学時間は適正か」など、さまざまな観点から考える必要があります。偏差値はあくまで判断材料のひとつとして、後述のようないろいろなポイントを考慮しつつ学校選択を行いましょう。

学校側の話を聞くことでわかることもある

例年は5月ごろから、各学校で学校説明会や見学会などのイベントが開催されています。今年は新型コロナウイルス感染症の影響で、中止や延期を決定した学校も多く、不安に思われている保護者や受験生のみなさんも多いのではないでしょうか。

しかし、秋以降は完全予約制で人数を制限するなどして、感染対策を行ったうえでのイベント開催も始まっています。「百聞は一見にしかず」ということわざもあるとおり、学校のようすを目で見て、雰囲気を肌で感じて情報を得られるという点で、実際に学校を訪れることには大きな意味があります。したがって、第1志望校だけでなく、候補として考えている学校にはなるべく足を運ぶことをおすすめします。

現在はホームページや学校案内が充実している学校も多く、オンラインでの学校説明会や個別相談を行っているところも少なくありません。手軽に情報を集められるからこそ、実際に学校を訪問できる機会を大切にして、志望する学校をしぼっていくようにしましょう。

なお、学校説明会などイベントへの参加については、46ページで詳しくお話ししていますので、そちらもあわせて参考にしてください。

Fight! 受験まであと100日

中学受験の第一歩
志望校選択4つのギモン

志望校選び ここをチェック！

校風・学校文化

各校独自の建学の精神、教育目標を持つ私立学校には、それぞれ個性豊かな校風が存在します。「自由で伸びのびとしている」「しつけ教育がしっかりしている」「面倒見がよく指導が手厚い」など、学校の数だけ特徴があり、それらが学校文化として根づいているのです。

校風や学校文化がお子さんの性格に合っているかどうかは、志望校を選ぶうえで非常に重要な要素です。しかしながら、外部からではわかりづらい部分でもありますから、学校の先生や在校生、卒業生に話を聞いて確認するのがおすすめです。

男子校・女子校・共学校

男子校・女子校・共学校はそれぞれにちがった利点を持っています。異性の目を気にせず、伸びのびと生活できるのが男子校・女子校のメリットといえる一方、共学校には男女の考え方のちがいを理解し、お互いの長所や短所を認めあえるというよさがあります。共学校のなかには、男女が別々に学校生活を送る別学校というスタイルもあり、授業や学校行事をそれぞれ共同で行うかどうかは、学校によって異なります。

お子さんに合うのはどんな形態なのか、よく考えてみましょう。

通学時間

私立学校への通学には、ほとんどのお子さんがバスや電車などを利用することになると思います。中高6年間、毎日通うことを考えると、あまりにも長い通学時間は、日々の生活や学習の負担になりかねません。家から学校まで、往復3時間以内を目安としましょう。

所要時間に加えて、通学時間帯の混雑状況や乗り換えの有無も確認しておくと安心です。

学力

受験にのぞむ以上、その学校のレベルに見合った学力が備わっているかは大切なポイントです。

しかし、偏差値は入試当日のコンディションによっても変動するため、絶対的な基準とはいえません。ほかのさまざまな要素と組みあわせて志望校を選択してください。

学校の宗教的背景

設立の経緯から、キリスト教や仏教など宗教的な理念を教育の柱としている学校もあります。信者でなくても受験は可能で、規律やしつけを重んじ、豊かな人間性を育む点などが特徴的です。

大学附属校・進学校

大学受験にとらわれることなく、ゆとりある6年間を送ることができる大学附属校。一方、ほぼ全員が大学進学をめざす進学校は、受験へのバックアップ体制が整っているのが魅力です。将来、お子さんがどのような進路を選択するかによって、どちらを選ぶべきかは変わってきますので、いまのうちから、大学進学を見据えた話しあいを進めておくことが重要です。

これら以外にも、学費などを含めたいろいろな観点からチェックして、志望校を選び取っていきましょう。

St. Cecilia
2021
感性を育む芸術科目の充実。
放課後には本格的なバレエ教室(部活動)を設置。
週6時間の英語に加え、英語ミュージカルの発表を
目指す授業を、週1時間設置(中2)。
「家庭的な校風」と「落ち着いた環境」により、自己
表現しやすい充実した学校生活を提供。
GMARCH(学習院・明治・青山学院・立教・中央・法政)・立命館
国公立・早慶上(早稲田・慶應・上智)・東京理科
2017 (122名) 計32名 20名 12名
2018 (108名) 計31名 21名 10名
2019 (126名) 計59名 34名 25名
2020 (115名) 計64名 46名 18名
卒業生数
少人数制のきめ細やかな学習指導で、
高い希望進路先を獲得。

聖セシリア女子
中学校・高等学校
〒242-0006 神奈川県大和市南林間3-10-1
TEL:046-274-7405
東急田園都市線
「中央林間駅」徒歩10分
小田急江ノ島線
「南林間駅」徒歩5分
聖セシリア 検索

ギモン2

併願校はどうやって選ぶ？

つづいて、併願校の選び方についてみていきましょう。中学受験では、各都県で定められた入試解禁日から数日間にわたって入試が行われます。40ページでも述べたとおり、首都圏には300校以上の私立中学校があり、それぞれ入試内容や形態は異なります。

私立学校を受験する場合、校数に制限はないため、入試日が重ならなければ何校でも受けることができます。一般的には第1志望校と合わせて3〜4校を受験するのが主流といわれており、併願校選びも中学受験を成功に導くための重要なポイントです。

そこで、ここからは併願校を賢く選択するための流れを、3つのステップでお伝えします。自信を持って第1志望校の受験にのぞむためにも、しっかりとおさえておきましょう。

ステップ1 第1志望校を決めよう

併願校を選ぶためには、まず第1志望校がしっかりと定まっている必要があります。第1志望校が決まれば、その入試日を基準にして入試日程を組むことができるため、併願校選びがしやすくなるのです。まだしぼりこめていないという場合は、ここから始めていきましょう。

遅くとも6年生の11月ごろまでには第1志望校を決定しておきたいところですが、早く取りかかるに越したことはありません。これから受験学年を迎えるというお子さんは、5年生以下を対象とした説明会等に参加するなどして、6年生の前半までに候補となる学校をいくつかピックアップしておくことをおすすめします。

第1志望校を早めに決めると、併願校選びの足掛かりとなるだけでなく、ほかにもさまざまなメリットがあります。たとえば、早くに志望校を決定することで「この学校に入りたい」という明確な目標が定まり、勉強へのモチベーションが高まることがあげられます。志望校がなかなか決まらない状態で、なんとなく勉強をこなすよりも、目標に向かって意欲的に勉強する方が、高い学習効果を得られます。

また、志望校が決まればその入試問題の対策もしやすくなりますし、学習をより計画的に進めることができるようになります。

これらをふまえると、第1志望校は受験生が「どうしても行きたい」と思える学校を選ぶのが望ましいでしょう。併願校を堅実に選ぶのであれば、現段階より少し難易度の高い学校を第1志望校に設定しても大丈夫です。

ステップ2 平均偏差値を見極めよう

第1志望校が決まり、併願校を選んでいくにあたっては、つぎの2点に注意しましょう。

・偏差値は入念に確認する
・難易度の高い学校ばかりを受けることは避ける

まず、1点目の「偏差値は入念に確認する」についてです。ここでいう偏差値というのは、これまでに受けた模試の結果の平均値をさします。その数値が安定していたり、上昇していたりする場合は問題ありません。しかし、数値にばらつきがある場合は注意が必要です。

たとえば1度だけふだんより高い偏差値がでたときは、その日たまたま調子がよかった、または得意な問題形式が多く出題されていた、という可能性も否定できません。自己最高記録だけを参考にしていては適切な判断をすることができませんので、いい結果も悪い結果も含めて、これまで受けた模試すべての「平均偏差値」を基準に考えましょう。

つづいて2点目の「難易度の高い学校ばかりを受けることは避ける」についてお話しします。「難易度の高い学校」とは、後述するチャレンジ校のことです。高い目標を掲げ、そこに向けて努力するのはすばらしいことです。

ただ、その結果、自分の実力よりも難易度の高い学校ばかりを受けることになっては、「どこにも受からなかったらどうしよう……」という不安を抱える事態におちいりかねません。入試当日に本来の力を発揮するためにも、あまりにも実力に見合わない学校だけを受験するのは避けた方が無難です。

ステップ3 3段階に分けて考えよう

第1志望校の選択、平均偏差値の

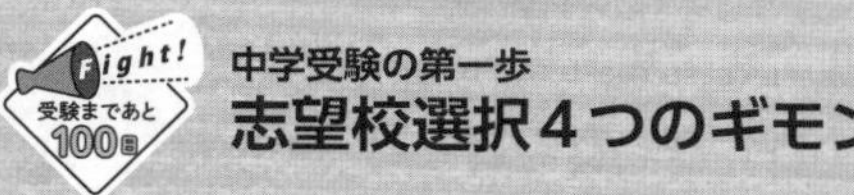

確認まで終わったら、いよいよ併願校の選定です。ここでは、お子さんの平均偏差値を基準に、「チャレンジ校」「実力適正校」「合格有望校」の3つに分けて考えていくのがポイントです。

①チャレンジ校　偏差値が合格可能性50％に達している、もしくはその前後に位置する学校

②実力適正校　偏差値が80％ラインに達している、もしくはその前後に位置する学校

③合格有望校　偏差値が確実に合格可能性80％ラインを超えている学校

この3段階の偏差値を設定する際は、平均偏差値を基準に「実力適正校」が上下に3ポイント程度、「チャレンジ校」が5ポイント程度上、「合格有望校」が5ポイント程度下、という幅で考えてみてください。

このように、併願校の偏差値に段階をつけ、階段を上がるようなイメージで受験校を選ぶことが、より確実な合格へとつながっていきます。同じレベルの学校だけを受けるよりも、いろいろな偏差値帯の学校をバランスよく選ぶことが大切なのです。受験生が余計なプレッシャーを感じることなく、自信と安心感を持って第1志望校の受験にのぞめるように、慎重に併願校を選んでいきましょう。

そして、併願校をしぼりこむことができたら、実際に入試日程を考える段階に入ります。つぎのページでは、入試日程の組み方について、いくつかのケースに分けてご紹介していきますので、ぜひ参考にしてください。

併願校選びの流れをおさらい

✓ 第１志望校を決定

まずは第１志望校を決めましょう。
その入試日をもとに、入試日程を組んでいくことになります。

✓ 平均偏差値を確認

模試などを受けたときの偏差値は、その日の調子によって変動します。受験生のプレッシャーにならないよう、いい結果も悪い結果もふまえた平均偏差値を参考にすることが大切です。

✓ ３段階で併願校を選ぶ

平均偏差値を基に、「チャレンジ校」「実力適正校」「合格有望校」の３段階に分けて、確実に合格が手にできるような併願校選びを心がけましょう。受験生が自信を持って受験にのぞめるように併願校を設定するのが肝心です。

新しい私を
見つけよう

いまを生きる女性にふさわしい
品性と知性を身につける。

学校説明会等

〈オープンスクール〉
10月3日（土）　14:00 ～

〈八重桜祭〉
今年度の一般公開はございません。

〈第２回学校説明会〉
11月21日（土）
５年生以下　14:00 ～
６年生　15:30 ～

※上記の日程等は変更となる可能性があります。ご来校の際は、必ず事前に本校HPにてご確認ください。

入試日程

帰国生入試（約15名）
1月23日（土）

一般生Ａ入試（約90名）
2月 1日（月）

一般生Ｂ入試（約40名）
2月 3日（水）

学習院女子中等科

〒162－8656　新宿区戸山3－20－1
03－3203－1901　https://www.gakushuin.ac.jp/girl/
地下鉄副都心線「西早稲田」駅徒歩3分
地下鉄東西線「早稲田」駅徒歩10分
JR山手線・西武新宿線「高田馬場」駅徒歩20分

ギモン3 入試日程を組むポイントは？

入試においては、併願校のスケジュールの組み方も重要なポイントです。ここではチャレンジ校や実力適正校を第1志望校として、入試日程の組み方をケース別にお伝えしていきます。また、左ページに併願パターンの基本例もあわせて掲載しています（1～3はいわゆる「試し受験」は除きます）。

ケース1 初日に第1志望校を受験

本命校を最初に受験するケースは、まず初日の合格発表の日時を確認してから、2日目以降の受験スケジュールを決めていきます。たとえば、第1志望校が即日合格発表を行う場合、その結果を見てからのぞむ2日目は合格有望校を選ぶようにしましょう。

1日目の合格発表が試験の当日ではない場合は、合格有望校を2日目と3日目のどちらで受験しても大きな差はありません。とはいえ、2日目にチャレンジ校や実力適正校を受験するなら、3日目は合格有望校を組みこむことをおすすめします。

いずれにせよ第1志望校の受験がうまくいけばいいのですが、思うような結果が得られなかったときのことを想定して、併願校は慎重に選びましょう。

ケース2 2日目に第1志望校を受験

2日目に第1志望校を受験する場合は、ほかのケースよりも本命校の競争率が高いことが予想されます。なぜなら一般的に多くの受験生が、入試日程を決める際に2日目に本命校を受験することを選ぶ傾向にあり、どの学校を受ける場合でも合格者の平均点数が高くなりやすくなっているからです。1日目の併願校選びについてはよく考えるようにしましょう。

ほかにも気をつけることとして、初日の受験校の合格発表が試験当日の場合、その結果を知ったうえで2日目の受験にのぞむことになります。1日目で合格を手にできなかった場合、つぎに控える本命校の受験で焦りがでてしまい、実力を発揮できなくなってしまうかもしれません。

こうしたことをあわせて検討すると、初日はチャレンジ校だけを考えるのではなく、合格有望校を受験して、確実に合格を手に入れておくことも視野に入れるべきでしょう。

ただし合格有望校といっても、きちんと学校情報を調べたうえで、受験生が行きたいと思えることはもちろん、過去問対策がしっかり行えている学校であることが望ましいです。

ケース3 3日目以降に第1志望校を受験

3日目ともなると、周囲では第1志望校に合格した受験生もでてきます。ですから、このケースでは周りのようすにまどわされないよう、心身ともに余裕を持って受験にのぞめるかどうかが合否を分けるカギになるでしょう。

そのためには入試日程を決める際、初日または2日目、もしくは両日に合格有望校を組みこむと安心です。

また、保護者のかたには受験生が万全な状態で本命校の試験を受けられるようにサポートをお願いしたいと思います。とくに体力や集中力を維持できる環境づくりと体調管理には、気を配ってあげてください。

その他のケース1 1月入試校を受験

首都圏では1月から千葉・埼玉、2月1日から東京・神奈川の入試が始まります。以前は千葉・埼玉の入試（1月入試）を場慣れのための「試し受験」として受ける東京・神奈川の受験生が多くみられました。ところが、近年は各校へのアクセスが容易になったことなどから、入学することを前提に入試を受ける東京・神奈川の受験生も増え、難易度予測がむずかしくなるほど競争が激化しています。

不用意に受験すると、場慣れのつもりで受けた受験校で残念な結果となり、自信をなくしてしまう場合もあります。受験生の実力や性格をふまえたうえで、受験するかを決めるようにしましょう。

その他のケース2 午後入試を受験

さきほどの「1月入試」を実施している学校へ、アクセスしにくい地域の東京・神奈川の受験生には「午後入試」がおすすめです。午後入試は一般的に午後2時から3時に始ま

Fight!
受験まであと
100日

ることが多く、他校を同じ日の午前中に受験できるというメリットがあります。合格発表も多くが試験当日に行われるため、早い段階で合格を得られる可能性が高くなり、併願校選びの幅が広がります。さらに午後入試は開始時刻が複数設けられていたり、問題数や科目数が少なかったり、受験生の負担が少なくなるよう学校側からさまざまな配慮がなされています。

しかしながら、このような配慮がされているということは、裏を返せば午前と午後で2校受けるという方法は、受験生にとって大きな負担となるということでもあります。

同日に2校の受験を乗りきれるかどうか、保護者のかたとお子さんの間でよく話しあい、受験するか決めてほしいと思います。

併願パターンの基本例

（東京・神奈川の中学校を中心に受験する場合）

併願パターンの例を参考に、ご家庭に合った併願パターンを組んでください。

基本パターン

チャレンジ校と合格有望校をほどよく受験

	1月中	2月1日	2月2日	2月3日	2月4日以降
チャレンジ校		B校			F校
実力適正校				E校	
合格有望校	A校	PM C校	D校		G校

- 1月中に確実に合格できる学校を試し受験。
- 2月1日午前の第1志望校（B校）のあとは、午後に合格有望校を組む。2日には偏差値マイナス5程度の合格有望校。
- 3日までに合格できれば4日以降はチャレンジ校、残念な結果なら合格有望校を受験する。

安全パターン

第1志望校の前に合格を

	1月中	2月1日	2月2日	2月3日	2月4日以降
チャレンジ校			D校		F校
実力適正校		PM C校		E校	
合格有望校	A校	B校			G校

- 第1志望校（D校）受験の前に、確実に合格できる学校を受験しておき、余裕を持って2月2日の第1志望校にのぞむ。
- 4日以降は3日までの結果次第で決める。

チャレンジパターン

強気でいくならつづけてチャレンジ校を受験

	1月中	2月1日	2月2日	2月3日	2月4日以降
チャレンジ校		B校	D校	E校	
実力適正校	A校				
合格有望校		PM C校		F校	G校

- 1月中は実力適正校で力試し。
- 2月1日、2日はチャレンジ校に挑戦する。できれば1日の午後入試は合格有望校を。
- 3日は2日までに合格を得られなければ合格有望校にし、合格校があれば、さらにチャレンジ校に挑戦。

人は、人と、輝く。

男女共学

［東大・医進クラス］
［一貫特進クラス］

■課題解決型授業の導入で実践的思考を育てます。
■少人数で行う探究ゼミ活動で知的好奇心を育てます。
■英会話能力を育て中2までに英検®3級、中3までに英検®準2級を取得。英語で発信できる力を育てます。
■アクティブ・ラーニングとタブレット活用でOut put能力を育てます。
■個性に応じた学びで高い進路目標を実現します。

※説明会は本校公式サイトにて完全予約制です。
※詳しい学校紹介は公式サイトまたは学校案内をご覧ください。
英検®は、公益財団法人 日本英語検定協会の登録商標です。

八王子学園
八王子中学校
Hachioji Junior High School

〒193-0931 東京都八王子市台町4-35-1
Tel. 042-623-3461（代）
URL http://www.hachioji.ed.jp
E-mail info@hachioji.ed.jp

JR中央線「西八王子駅」から徒歩5分

ギモン4 説明会への参加は有効？

志望校を決定するにあたって重要な意義を持つのが、学校説明会などイベントへの参加です。現在はインターネットや学校案内、進学情報誌といったさまざまなメディアからも情報収集ができます。しかし、学校の雰囲気や校舎のようす、生徒と先生との関係性などを知るためには、やはり自分の目で見て、確認するのが最も効果的です。

学校説明会でわかること

このコロナ禍で、多くの学校では予定されていた学校説明会や公開行事などのイベントが中止、または延期となりました。しかし、そんななかでも学校側はオンラインでの説明会や個別相談会などを開催することで、受験生とその保護者になんとか学校の魅力や特徴を伝えようと試行錯誤してきました。

秋以降は対面での受験生向けイベントも徐々に再開し、感染対策を行ったうえでの実施が始まっています。人数制限などを設けている関係で、例年よりも気軽に参加することがむずかしくなったようにも思えますが、そんな貴重な機会にみておくべきポイントとはどんなところになるのでしょうか。

まずひとつあげられるのは、在校生や先生のようすです。あいさつができているか、身だしなみが整っているか、そして生徒の表情などから、いきいきと活動できているのかをよく確認しておきましょう。機会があれば、先生に質問してみるのもおすすめです。生徒との接し方などを確認することで、信頼関係が築けているかどうかもみえてきます。

加えて、校舎や設備の充実も、チェックすべきポイントです。外観や敷地面積だけでなく、最新の設備がそろった新校舎なのか、伝統の校舎を大切に使いつづけているのかなども、わが子が6年間通うことをイメージしてみておきましょう。

早めの情報収集を心がけよう

学校説明会など受験生向けのイベントについての情報は、各校のホームページや進学情報誌に掲載されています。今年はとくに、新型コロナウイルス感染症の影響で、完全予約制で人数制限などを行っている学校がほとんどです。

- 日時
- 場所
- 持ちもの
- 参加方法
- 予約の有無
- 対象学年

などを事前によく確認し、定員が埋まってしまったから参加できない、ということがないように気をつけましょう。確実に参加するためには、早めに情報収集しておくのが大切です。

また、すでに述べたとおり、複数の学校に足を運ぶのもいいでしょう。各校のちがいや共通点などを体感することができるため、受験へのモチベーションを高めることができるはずです。

お子さんが中高の6年間を過ごす大切な場所ですから、入学してから「こんな学校だとは思わなかった」ということにならないよう、実際に学校を訪れる機会をうまく活用して、ご家庭の教育方針やお子さんの性格にぴったり合う学校を見つけてください。

そのほかの受験生向けのイベント

CHECK

オープンスクール

受験生本人が参加する体験型イベントで、授業や部活動などに参加できます。

入試問題解説会

入試問題の解説や入試模擬試験が行われます。受験期に近い12月、1月に実施されることが多いです。

個別見学会

学校説明会以外でも、学校見学ができる場合があります。ほかのイベント同様、予約が必要な場合が多いです。

文化祭・体育祭など

文化祭など一般公開している行事は学校見学のいい機会です。今年は非公開で実施の学校も多いため、事前によく確認しましょう。

合同説明会

複数の学校が集まって行う合同説明会は、一度にいろいろな学校の情報を得られるというメリットがあります。今年は多くが中止になりましたが、完全予約制で人数や時間帯を制限して開催されているものもあります。

You are the light of the world.
You are the salt of the earth.

あなたは世の光です。
あなたは地の塩です。
マタイ5章13節～15節

そのままの あなたがすばらしい

スペインの修道女マドレ・マルガリタによって
創立された光塩女子学院。
マドレの言葉「あなたがたは世の光、地の塩。
神さまはここに学ぶ生徒たちをその手に受けとめ、
ご自分のひとみのように大切に育ててくださるのです。
これが、学び舎“光塩”の姿です」を礎にして、
かけがえのない一人ひとりの生徒の成長を、
共同担任制という独自のチームワークで支えます。

動画で分かる
光塩女子学院

光塩女子学院中等科

〒166-0003　東京都杉並区高円寺南2-33-28　tel.03-3315-1911（代表）　https://www.koen-ejh.ed.jp/
交通…JR「高円寺駅」下車南口徒歩12分／東京メトロ丸の内線「東高円寺駅」下車徒歩7分／「新高円寺駅」下車徒歩10分

ここで学び ここで育つ

日本大学第二中学校（にほんだいがくだいにちゅうがっこう）［共学校］

School Information
住所：東京都杉並区天沼1-45-33　TEL：03-3391-5739　URL：https://www.nichidai2.ac.jp

JR荻窪駅から徒歩15分。杉並の閑静な住宅街にある日本大学第二中学校・高等学校（以下、日大二中高）。明るくおおらかな校風がのびやかな生徒を育てています。

充実した施設でのびのび過ごす6年間

正門を入り、すぐ右手にある建物が図書館と南向きの開放感にあふれた中学校舎です。その奥には理科校舎や多目的コート、食堂や売店などが入る教科専用の教科教室棟があり、中学3年間を過ごす楽しい空間が広がっています。また正門左手には、武道館、体育館、プールが並び、その先に進むと、「杉並百景」にも選ばれた銀杏（いちょう）並木がまっすぐに広がっています。この銀杏並木は学園の創立と同時に植樹されたもので、100年近くにわたり多くの生徒たちの成長を見守り続けています。

並木を挟んで左にあるのが高校校舎（本館校舎）と新装された4面のテニスコート、右手には4コースウレタントラックを有した人工芝グラウンドが大きく広がっています。そして、銀杏並木の最後には芸術校舎と庭園が静かに佇み、都区内にある学校とは思えないほど、各施設がゆったりと配置されています。

この明るくのびのびとした環境が、おおらかな校風と思いやりあふれる生徒の育成の礎となっています。

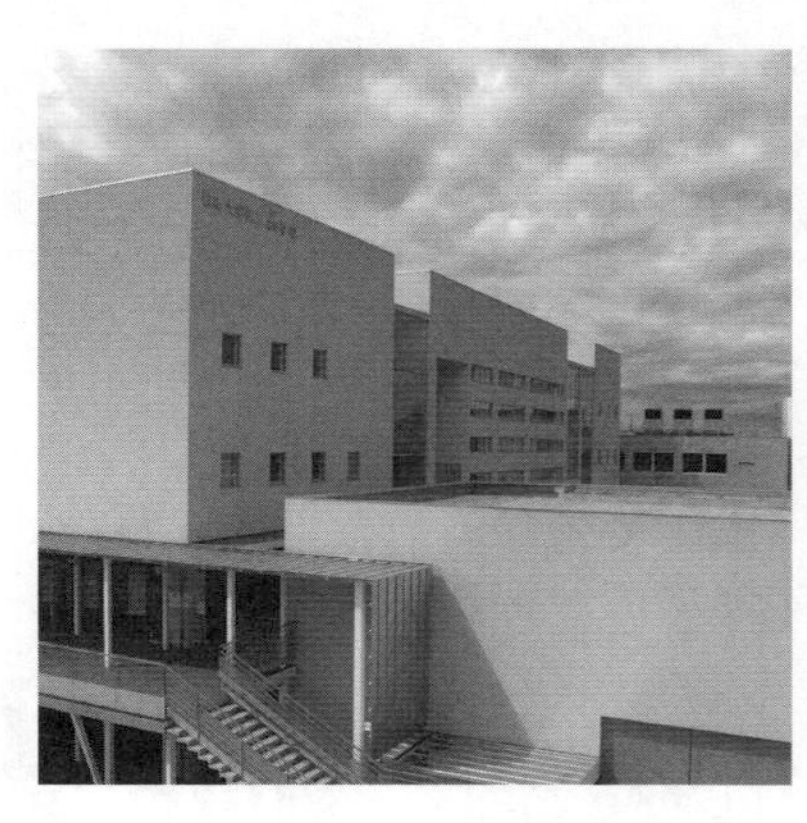

確かな学力と社会人基礎力の養成

日本大学の建学の精神「自主創造」のもとに行われている日大二中高の教育内容について、広報室長の中島正生先生に伺いました。

「中学ではあわてず急がず、基礎学力を定着させることを第一にしています。いわゆる先取り授業や習熟度別授業などは行っていません。また、特定の科目に特化することなく主要5教科をバランスよく学習することを心掛けています。学習速度はゆっくりですが、深く掘り下げた内容まで学習し、時には補習や講習を入れながら中学3年間でじっくりと基礎基本の徹底を図っています。

一方、2021年からの大学入学共通テストへの対応もしっかり行っています。中3・高1・高2・高3が受検するGTECでスピーキングテストを取り入れ、高3を除く全学年が、1月実施の英検を受検します。さらに2020年度中1より、学年進行で一人1台のタブレットPCを導入し、ICTの活用も積極的に進めていきます。また、文部科学省が『高校生のための学びの基礎診断』の国語に認定した『Literas（論理言語力検定）』を、中2・中3で受検しています。中学の早い段階から言語能力について触れることで、より高度な言語運用能力が育まれるのではないかと考えています。

中高の6年間は、いろいろな人と出逢い、勉強だけでなく部活動や学校行事等に積極的に参加して、様々

な体験をして欲しいと思います。それによって、温かみと思いやりある人間として大きく成長し、社会人基礎力も培って欲しいです」と話して頂きました。

「自主協同」の能力をのばす部活動

何ごとにも真剣に取り組む日大二中高生ですが、部活動にも情熱を燃やしています。23の運動部と19の文化部があり、中学生の約94%、高校生の約89%が、何らかの部活動に参加しています。

「部活動は生徒一人ひとりの成長を様々に支えてくれるものです。周囲を信頼して協調することの大切さも学びます。ある吹奏楽部員が、『ただ同調すればいいというものではなく、一人ひとりが努力を重ね、積極的に表現することで、真の協調が獲得できるんです』と言っていました。本校の部活動では、運動部も文化部も校訓のひとつである『自主協同』の能力を自然と身につけているのではないかと思います。それは『自分を知る』ことにもつながっているのではないでしょうか」と中島先生は語ります。

大学付属でありながら多彩な進路選択が可能

日大二中高の進路指導モットーは、「一人ひとりの幸せを探して」です。生徒自らが生き方を考え、主体的に進路選択が出来るようにしていきます。そのため、中学での生活・学習面談や高校での進路面談は事細やかに行い、推薦やAO入試にチャレンジする生徒には、手厚い面接指導のサポートもあります。

日本大学の付属校のメリットを活

かして、大学との連携教育も数多く実施しています。中2で行う理系学部見学では、学部の施設や設備を用いて大学の先生のご指導の下、最先端の技術や研究に触れます。高2では、法学部教授を招いて主権者教育を実施。民主的な社会の形成者としてのあり方を学びます。

進路指導では、外部講師を招いてのキャリアガイダンスや日大の各学部説明会に加えて、日大以外の大学別ガイダンス、適性検査など、主体的進路決定を後押しする多様なプログラムが中学から実施されています。先輩大学生たちの受験談や勉強の仕方などが聴ける「卒業生に聴く」という行事も人気です。

その結果、日大への内部推薦制度で進学する生徒は毎年約3割、このほか約3割が指定校や公募推薦、残りの約4割が難関大学を目指して一般受験にチャレンジしています。

2020年度 行事予定

体育大会
10月10日㊏

公開授業（要Web予約）
10月24日㊏

文化祭（銀杏祭）
11月7日㊏・8日㊐

学校説明会（要Web予約）
11月14日㊏・1月9日㊏

※新型コロナウイルスの影響により、変更または中止になる場合があります。事前にホームページをご確認ください。

次代を創る人材に ――

■入試説明会（一般生徒・父母対象／事前申込不要）
10月24日（土）10：20～　小学6年生対象
12月12日（土）10：20～　小学6年生対象
1月16日（土）10：20～　小学6年生対象

■学校説明会（一般生徒・父母対象／事前申込不要）
10月24日（土）14：00～　小学5年生以下対象

■土曜説明会（インターネットによる事前予約が必要です）
10月10日・11月21日・2月20日　11：00～

■オープンスクール（インターネットによる事前予約が必要です）
11月28日（土）13：30～　理科実験教室、クラブ体験 など

■学園祭（輝玉祭）
9月20日（日）・21日（祝）　9：00～　入試相談コーナーあり

■体育大会　場所：駒沢第2球技場
10月15日（木）　9：30～

※日程は変更になる可能性がございますので、最新情報をホームページでご確認ください。

攻玉社 中学校

〒141-0031　東京都品川区西五反田5-14-2　TEL.03-3493-0331(代)

https://kogyokusha.ed.jp/

攻玉社　検索

東急目黒線不動前駅より徒歩2分

「清修」は、教育力で貴女の夢を実現します。

I 個性を生かす教育を実践。
塾が必要ない教育システム

II グローバル教育を強化。
ネイティブ教員による
多彩なAll Englishの授業

III 一人ひとりの夢を把握し
夢を実現するキャリアサポート

東大、筑波大、外語大、お茶の水女子大、
ICU、九大、学芸大、横浜国大、都立大

横浜市立大、早慶上智、青学、立教、東京医科大他、続々合格。

「学校案内」で卒業生の満足度を確かめてください。

学校説明会・入試説明

なぜ飛躍的に学力が伸びるのか、
そのヒミツをお教えします。

月	日	時間	内容
9月	12(土)	14:00	学校説明会
10月	17(土)	14:00	学校説明会
	10/31(土)〜11/1(日)		清修フェスタ
11月	15(日)	午前	2科4科入試説明会 適性検査型入試説
	29(日)	午前	学校説明会
12月	5(土)	14:00	2科4科入試説明会 解説授業
	19(土)	8:30	適性検査型入試体 解説授業
	20(日)	9:00	適性検査型入試 体験フィードバッ
1月	9(土)	午前	適性直前講座
	23(土)	午前	授業見学会・ミニ説

※今後の状況によっては、日時等の変更や中止となる場合があ
最新情報は学校ホームページに掲載しますので随時ご確認

白梅学園清修中高一貫部 http://seishu.shiraume.ac.jp/

〒187-8570 東京都小平市小川町1-830 TEL：042-346-5129 FAX：042-346-5693

西武バス「白梅学園前」バス停より徒歩1分 西武国分寺線「鷹の台駅」徒歩13分

School Selection

「主体的な学び」で客観的な視点を培い進路選択につなげる

東京都市大学付属中学校

School Information〈男子校〉

- Address：東京都世田谷区成城 1-13-1
- TEL：03-3415-0104
- Access：小田急線「成城学園前駅」徒歩 10 分
- URL：https://www.tcu-jsh.ed.jp/

3つの教育の柱を持つ東京都市大学付属中学校。今回はそのなかから「主体的な学び」についてご紹介します。

3つの柱「主体的な学び」「キャリア教育」「国際理解教育」

今春の入試においても応募者数3444名、受験者数2063名と、都内男子校としてはトップの人気を誇る東京都市大学付属中学校（以下、東京都市大付属）。

大学合格実績も、国公立大学に昨年度は69名、今年度は89名（ともに既卒含む）と、着実に成果をだしている注目校のひとつです。

そんな東京都市大付属には、「主体的な学び」「キャリア教育」「国際理解教育」という3つの大きな教育の柱があります。

今回はそのなかから「主体的な学び」についてご紹介しましょう。

「主体的な学び」のひとつとして有名なのが「科学実験」です。理科の授業とは別に、中1は週に1時間、中2・中3は隔週で2時間設けられており、生物・化学・物理それぞれに専門の設備を持つ実験室を使い、少人数での実験を行っています。

多くの実験を行うことで、理科のさまざまな知識を机上だけではなく、実体験することができます。あわせて実験レポートを書くことで、目に映ったことを整理して他人に伝える姿勢を身につけることにもつながっていきます。

そして、同じような「主体的な学び」に「NIE」（新聞活用学習、ニュースペーパー・イン・エデュケーションの略）があります。

「かつては、どちらかというと理系に興味を持つ生徒が多く、さらに男子校ということもあり、文章を読んだり書いたりすることに苦手意識を持つような生徒も多かった」（家庭科の菊野暁先生）東京都市大付属ですが、2013年に「Ⅰ類」「Ⅱ類」のコース制をスタートさせたことを契機にNIEも導入し、国語力や表現力のさらなる向上に取り組み始めました。2018年からは日本新聞協会によりNIEの実践指定校にも選ばれています。

「本校のNIEは、まず、日常的なものとして、中1と中2の教室がある廊下に6種類の新聞を置き、だれでも読めるようにしていることがあげられます。そして、その日の日直が終礼の時間になると、新聞に掲載されている内容から気になる記事をひとつ選んで、クラスメートの前で発表します。これを毎日行うので、生徒は2年間、多種多様な知識や意

見に触れることができます」（菊野先生）

東京都市大付属では、各教科で新聞を使った授業をしていますが、家庭科ではより積極的にNIEを取り入れており、たとえば中1の12月から1月にかけて、新聞へ投書をするそうです。

「本校では、12月までに食物、被服、環境、人間関係などの授業があります。そうした学習の成果を投書してみようというものです。毎年、実際に何通も採用されて、複数の新聞に掲載されています。授業をとおして学んだことを、実際に文章として書く、それも、しっかりと人に伝わるように書くという作業が大切なのです」（菊野先生）

同じように文章を読み、表現するのであれば、読書や作文などもありますが、新聞にはこれらとはちがうよさがあると菊野先生は話されます。

「小説とちがうのは、新聞記事は比較的短い文章でまとまっている点で、短時間で読み、それについて議論までできます。休み時間にちょっと読んで、気になったことをクラスメートと共有もしやすくなります」

NIEにせよ、科学実験のレポートにせよ、自分で触れ、考え、それを言葉にしたり文章にしたりと、表現することを重視し、何度も繰り返すことで、主体的な学びにつながっていきます。

新聞を使った授業を受ける生徒たち

集大成となる4000字超の「中期修了論文」

そのひとつの集大成が、高1での「中期修了論文」執筆です。夏休み前から取り組み始め、10月までに4000字以上を書き上げるというものです。

「取りあげるテーマによって7～8名のグループをつくり、教員がそれぞれ1名ずつついて大学のゼミのような形式で進めていきます。高1とはいえ『論文』ですから、論旨を整理し、形式にのっとって執筆します。3年前に優秀作品に選ばれた生徒は、小学校低学年の児童にどうやって英語を学ばせるのかについて書いたのですが、この生徒は今春京都大学文学部に進学しています。これは一例ですが、中1からつねにいろいろな文章を読み、表現することをつづけていくのが学力向上にも結びついていることを実感しています」（菊野先生）

ここまで紹介してきたように、多彩なかたちで「主体的な学び」を積み重ねていくことが「自分を客観的に見ることになり」（菊野先生）、進路を拓くことにもつながっていきます。

「大学進学に際して、ただ偏差値が高い大学に合格すればいいというものではありません。中高生の6年間というのは、自分になにができるのか、なにがしたいのかを悩む時期でもあります。それが見えてくれば選択に自信が持てます。生徒たちには社会のなかで自分がどう生きていくのか、どう貢献できるのかを考え、進路を自分で選び取れるようになってほしいと思っています」と話した菊野先生。

東京都市大付属の近年の人気は、大学合格実績といった目に見える数字だけではなく、今回紹介したような充実した学習内容にもあるといって過言ではないでしょう。

Event Schedule

- ●「授業見学ができる！」水曜ミニ説明会〈要予約〉
  9月23日（水）、10月28日（水）、11月18日（水）、12月2日（水）
  すべて10:00～11:30
- ●入試説明会〈要予約〉
  11月22日（日）10:00～12:30
- ●過去問チャレンジ〈要予約〉
  11月22日（日）10:00～12:30
- ●「授業見学ができる！」土曜ミニ説明会〈要予約〉
  1月16日（土）10:00～11:30
- ●柏苑祭（文化祭）
  10月3日（土）、4日（日）

世界とつながる私の「みらい」デザイン

麴町学園女子中学校（こうじまちがくえんじょし）

東京都　千代田区　女子校　https://www.kojimachi.ed.jp/

麴町学園女子中学校では、めまぐるしい変化において「しなやかに、たくましく」対応できる「みらい型学力」を身につけ、多様化する社会に自信を持って羽ばたき、そのステージで鮮やかな輝きを放つ女性を育成する取り組みを行っています。

アクティブイングリッシュの取り組みで大きな成果

麴町学園女子中学校高等学校（以下、麴町学園）では、「みらい型学力」を育成するために、「みらい科」「グローバルプログラム」「思考型授業」「アクティブイングリッシュ」という4本柱を置いています。

特に英語については、(財）実用英語推進機構代表理事である安河内哲也氏を特別顧問として迎え、4技能をバランス良く身につけ、本当に使える英語を身につけることを目標に、独自の授業「アクティブイングリッシュ」を展開しています。

この「アクティブイングリッシュ」の導入成果は、英検の結果にも如実に表れています。英語を得意とする生徒が入学する「グローバルコース」では、英検1級の筆記試験に合格者をだしています。また、2科4科受験で入学する「スタンダードコース」の50%は、中1終了時に英検4級以上をすでに取得しています。

ネイティブの教員が常駐する「iLounge」

英語の力で高大連携、「ダブルディプロマプログラム」

この「アクティブイングリッシュ」の取り組みが大学の先生からも評価され、成城大学・東洋大学をはじめとする複数の大学と高大連携を締結しています。従来型の指定校推薦制度の多くは、大学との交流がほとんどなく、大学のことを直接知る機会が少ないのが現状です。そのため、「イメージが良い」「通いやすい」など表面的な理由で大学を選びがちになり、入学後に「思っていたものと違う」と学習意欲を失いかねない面も少なからずあります。そうしたミスマッチをなくすために、麴町学園の高大連携では、学習の一環として、大学を理解するためのさまざまな機会を設けています。そして、高校の評定平均や英検の取得級などの基準に応じて、連携校に進学することも可能になります。

また、2020年度より、アイルランドとニュージーランドの計4つの高校と提携し、「ダブルディプロマプログラム」を導入しました。このプログラムでは、アイルランドまたはニュージーランドの提携校へ麴町学園の生徒が1年間もしくは2年間留学することで、現地高校の卒業資格（ディプロマ）を取得でき、なおかつ麴町学園の卒業資格も得ることができます。

2つの国の高校卒業資格を得ることで、世界の大学への進学をめざすことができ、日本国内の大学への進学の際にも有利な活用ができるプログラムになっています。

生徒１人１台iPadを所持

説明会日程

●学校説明会
10月 3日(土)10:30～　11月 5日(木)10:30～

●入試模擬体験
10月18日(日) 9:00～　12月 6日(日) 8:30～
12月12日(土) 8:30～　12月20日(日) 8:30～

●入試説明会
11月22日(日)10:00～　1月17日(日)10:00～
1月23日(土)10:30～

SCHOOL DATA

Address: 東京都千代田区麴町 3-8
TEL:03-3263-3011　**Access**: 地下鉄有楽町線「麴町」徒歩１分、地下鉄半蔵門線「半蔵門」徒歩２分

pick up!

昌平中学校

共学校

「手をかけ　鍛えて　送り出す」埼玉県初のIB・MYP認定校

世界を意識し、世界を理解する力を身につけた〈日本人らしいグローバル人材〉の育成をめざす昌平中学校。最難関大学合格を目標とした「Tクラス」も設置され、大学合格実績のさらなる向上が期待されています。

School INFO.

所在地
埼玉県北葛飾郡杉戸町下野851

TEL
0480-34-3381

アクセス
東武スカイツリーライン直通「杉戸高野台駅」徒歩15分・バス5分、JR宇都宮線・東武伊勢崎線「久喜駅」バス10分

学校説明会
9月19日（土）
10月25日（日）
11月21日（土）
12月12日（土）
9月19日は14：00～15：15、そのほかは10：00～12：00

腕だめしテスト
10月25日(日) 9:00～

入試問題アドバイス
11月21日（土）

昌平の教育を支える3つの柱

「手をかけ 鍛えて 送り出す」がモットーの昌平中学校（以下、昌平）は、生徒一人ひとりの能力を最大限に伸ばすための、ていねいな指導を実践しています。そんな昌平の大きな特色は、「グローバル人材育成プログラム」です。①「IB（国際バカロレア）教育」②「PEP（パワー・イングリッシュ・プロジェクト）」③「SDGs（持続可能な開発目標）」という3つの柱があります。

「IBとは世界基準のシステムを採用した国際教育プログラムで、世界で5000校近くが導入しています。本校は、2015年にMYP（中等教育プログラム）候補校になり、その後認定校になりました。IBの授業は候補校時点からスタートしているので、今年で6年目を迎えています。

調べ学習、発表、グループディスカッションなど、アクティブラーニングを取り入れた授業が特徴で、将来社会にでたときに必要な思考力や判断力、コミュニケーション能力などを身につけることができます。

一方、従来型の講義形式の授業も大切にしています。本校がめざすのは、〈日本人らしいグローバル人材〉を育てることです。グローバル人材の育成＝欧米人を見習って欧米人化することではありません。日本人には日本人のよさがありますから、そうした日本人らしさを伸ばすためにも、好き嫌いや得意不得意にかかわらず基礎基本を徹底する講義型の授業は重要です。IBの授業と講義型の授業、ふたつをうまく組みあわせています。

なお、『PEP』は、全校生徒が英語の4技能を身につけるとともに、英語を得意教科にするための取り組みです。英語科はもちろん、その他の教科でも英語の学習に興味を持ってもらうためにいろいろなプログラムを用意しています。また、SDGsでは多彩な体験学習を水曜日に行い、『世界』をテーマに奉仕活動やプロジェクト学習に取り組みます」（国際教育部部長の前田紘平教頭先生）

昨年から高校にIBコース設置

このようにIB教育を軸に独自の教育を展開する昌平は、高校もIBのDP（ディプロマプログラム）認定校となり、昨年度（2019年度）よりIBコースがスタートしました。これによって、中高6年間をとおしてIB教育が受けられるようにもなります。

また、卒業した中高一貫4・5期生のなかからは現役で東京大学、一橋大学、北海道大学へ合格するなど、合格実績は確実に伸長しています。「IBの始動は5年前からですから、現在の合格実績の直接的な要因にはなっていませんが、IBにつながる教育は中学開校当初から行ってきたものです。

そうした教育を受けた生徒たちが人間としての器を広げ、受験にもいい効果をもたらしてくれたのだと思います。同じく5年前からは最難関国公立大学をねらうTクラスを新設したので、彼らの進路にも期待を寄せています」と前田教頭先生が語られるように、これからの進展が楽しみな昌平中学校です。

IBの授業（中3）では、「地球サミットin Shohei」と題して、物理と公民の授業でエネルギー問題を学習したあと、6班（国）に分かれて、さまざまな議論を交わします

Think & Share

■学校見学会日程　＊要申込み
＊各回とも定員は60名、内容は同じです。

6年生対象学校見学会　各回 ①10：00～ ②11：30～

① 9月26日（土）　⑥10月28日（水）
②10月 3日（土）　⑦11月14日（土）
③10月 8日（木）　⑧11月16日（月）
④10月12日（月）　⑨11月28日（土）
⑤10月18日（日）　⑩12月 5日（土）

●入試直前学校見学会　12月12日（土） ①10：00～ ②11：30～

5年生以下対象学校見学会　各回 ①10：00～ ②11：30～

①10月 7日（水）
②10月17日（土）
③10月27日（火）
④11月21日（土）
⑤11月30日（月）

獅子児祭（学園祭）

Web開催予定です。
詳細はホームページをご覧ください。

- 本科コースと理数コースの2コースを募集
- 2月1日（月）午後 算数特選入試の実施
- 海外帰国生の優遇措置制度あり

世田谷学園 中学校 高等学校
SETAGAYA GAKUEN SCHOOL

〒154-0005 東京都世田谷区三宿一丁目16番31号
TEL（03）3411-8661　FAX（03）3487-9113

オンライン授業、大成功！！

新型コロナウイルスの影響で休校が続きましたが、ICTを駆使したオンライン授業は大成功でした。生徒全員にiPadが貸与され、充実したWi-Fi環境を活かして双方向の授業が展開されました。生徒・保護者のオンライン授業への満足度は平均で95%を超え、生徒の「まなび」を守ることができました。

教室には誰もいませんが、iPadを通じて朝のHR活動です。
先生『みんなおはよー！』、生徒たち『おはようございまーす！！』

同じく誰もいませんが、
先生がiPadの中の生徒にむけて語りかけています。

校長先生も朝のHRに飛び入り参加します。
校長『みんな大変だけど頑張れよー！』、生徒たち『はーい！！』

先生たちの授業がリアルタイムで配信されていきます。

●学校説明会（Web予約）

10月24日（土）　※在校生による学校紹介など
11月28日（土）　※入試ワンポイントアドバイス
1月16日（土）　※前回までのダイジェスト
各13：45～15：00

※新型コロナウイルスの影響で、予定変更になる可能性がございます。
今後の開催予定につきましては、随時ウェブサイトをご確認ください。

●校内見学

見学はいつでも可能ですが、担当者の案内を希望される場合は、事前に申し込みが必要です。
TEL：042-789-5535（日・祝を除く）　職員室まで

[2021年度入試要項（抜粋）]※特待制度有り

	第1回	第2回	第3回
日程	2月1日（月）	2月2日（火）	2月3日（水）
募集人数	166名	80名	20名
試験科目	2科（国・算）または 4科（国・算・社・理）		2科（国・算）
合格発表	入試当日 18：00 Web発表		
手続き	2月10日（水）12：00まで		

アクセス　JR横浜線・小田急線「町田駅」、京王線・小田急線・多摩都市モノレール「多摩センター駅」、JR横浜線「淵野辺駅」の各駅から直行便および路線バス（急行・直行バスは登下校時のみ運行）

日本大学第三中学校

〒194-0203　東京都町田市図師町11－2375
電話 042－789－5535　FAX 042－793－2134　URL https://www.nichidai3.ed.jp/

高く 大きく
豊かに 深く

TAKANAWA
JUNIOR & SENIOR HIGH SCHOOL

学校法人　高輪学園

高輪中学校
高輪高等学校

108-0074 東京都港区高輪2-1-32　Tel.03-3441-7201(代)
URL https://www.takanawa.ed.jp E-mail nyushi@takanawa.ed.jp

入試説明会［保護者・受験生対象］ 要予約

第1回入試説明会	2020年10月 4日(日) 10:00～12:00・14:00～16:00
第2回入試説明会	2020年11月 3日(火・祝) 10:00～12:00・14:00～16:00
第3回入試説明会	2020年12月 5日(土) 14:00～16:00
第4回入試説明会	2021年 1月 8日(金) 14:00～16:00

●Web申し込みとなっています。申し込み方法は、本校ホームページでお知らせします。
※入試説明会では、各教科の『出題傾向と対策』を実施します。説明内容・配布資料は各回とも同じです。説明会終了後に校内見学・個別相談を予定しております。

高学祭 文化祭［一般公開］

2020年 9月26日(土)・9月27日(日) 10:00～16:00

◆入試相談コーナーを設置します。

今年度の行事につきましては予定が変更となる場合がございます。
あらかじめ本校ホームページにてご確認ください。

SCHOOL DATA

所在地：神奈川県川崎市麻生区栗木3-12-1　**アクセス**：小田急多摩線「栗平」徒歩12分　小田急多摩線「黒川」・京王相模原線「若葉台」スクールバス
TEL：044-987-0519　**URL**：http://www.toko.ed.jp

「なにをどのように学ぶのか」
桐光学園中学校
〈別学校〉

桐光学園中学校・高等学校は、2019年度より新たな教育ヴィジョンを掲げ、「なにをどのように教えるか」という教員主体の学びと同時に、「なにをどのように学ぶのか」という生徒主体の学びを推進しています。

知的好奇心を刺激する「大学訪問授業」

桐光学園中学校・高等学校（以下、桐光学園）の新たな教育ヴィジョンは、「他者との関わりの中で自己を高めていこう」「失敗を恐れず失敗から学んでいこう」「一生続けられる好きなことを見つけよう」。2019年度より校長に就任した中野浩先生は、この教育ヴィジョンを自ら掲げ、その実現に向けた教育プログラムを実践しています。その1つが、今年で17年目を迎える「大学訪問授業」です。

これは、各分野で活躍されている先生がたを桐光学園に招いて、その専門分野の講義をしていただくプログラムです。これまでに、ジャーナリストの池上彰氏、ノーベル化学賞受賞の根岸英一氏、建築家の隈研吾氏、棋士の羽生善治氏などが講演しました。中野校長自ら講演を依頼し、毎年20回ほど行われています。

生徒の進路選択にも大きな影響を与えています。東大名誉教授（松浦寿輝氏）の講義を聞いた生徒は、「先生の講義を受けたいので東大に入ります」と宣言し、翌年現役で東大に入学しました。また、東工大教授（井田茂氏）の講義を聞き、東大から東工大へ進路を変更した生徒もいるなど、まさに知的好奇心を刺激された生徒の代表例です。

「講義を受けた中学生が、『先生の講義は難しくてなかなか理解できなかったけど、楽しそうに話をしていることが印象的だった』という感想を残しています。中学生にとって勉強は嫌いなもの、辛いものだけど、その勉強について楽しそうに話している大人がいるということが不思議で、とても刺激的なことなのだと思います。この経験が5年後、10年後に生徒の役に立つのではないかと思います」と中野校長。

授業風景

池上彰氏の講演

主体性を育む「TOKO SDGs」

「これまでの教育は、『なにをどのように教えるか』という教える側が主体で、正解は1つしかありません。基礎学力をつけるにはそれがベストかもしれませんが、グローバルな時代では、答えは1つではなく、複数あったり、答えがない場合もあります。そういった問題に対応するには、『なにをどのように学ぶのか』という主体的な学びが、これからは大切になってくるのだと思います。大学訪問授業とは別の角度で、もっと主体的な取り組みをしたいと思い、今年度から始めるのがTOKO SDGsです」と中野校長。

TOKO SDGsでは、今の中高生にとって本当に切実な問題を取り上げて、「知る（調べる）」⇩「自分の意見を組み立てる」⇩「他者の意見を聞く」⇩「自分の意見を見なおす」という過程を主体的に考えていきます。

「自分の意見を持つことも重要ですが、それ以上に重要なことは、なぜそういう意見になったかという根拠です。根拠と自分の意見が結びついているかをいつも頭の片隅にいれながら、それぞれの学びに取り組んで欲しいのです」（中野校長）

今年度は新型コロナウイルスをテーマにTOKO SDGsが始まります。そして、その記録を後世に残していく予定です。

学校説明会
10月 4日 日 ①10:30
②14:00
10月26日 月 ①10:30
11月29日 日 ①10:30
②14:00
第3回B（英語資格・T&M）入試説明会
10月17日 土 14:00〜15:40
※英検3級以上（それに準ずるもの）、または各種競技会・コンテスト・資格試験などを有するもの
入試直前説明会
12月20日 日 ①10:30
②14:00

生徒の潜在能力を引き出す

武蔵野中学校〈共学校〉

むさしの

鈴木 天さん　英 真実さん　髙橋 彩巴さん

School Data

所在地：東京都北区西ヶ原4-56-20

アクセス：都電荒川線「西ヶ原四丁目」徒歩３分、都営三田線「西巣鴨」徒歩８分

TEL：03-3910-0151　URL：https://www.musashino.ac.jp/mjhs/

説明会日程

◆学校説明会（Web予約）

9月26日（土）13:00〜
10月10日（土）10:30〜
11月27日（金）18:00〜
12月19日（土）14:00〜
1月 9日（土）14:00〜

課題探究からプレゼンまで「英語で」学ぶLTE

武蔵野中学校（以下、武蔵野）は、多彩なプログラムをとおして、生徒の潜在能力を引きだしています。

入学と同時にスタートするのが、LTE（Learning Through English）と呼ばれる英語の授業で、専任外国人教師が週６時間の授業を担当しています。

LTEの授業は、課題個人探究⇒グループワーク・ディスカッションで意見を共有⇒まとめ⇒プレゼンテーションという学習サイクルがすべて「英語で」行われ、「英語で」学んでいきます。英文法の時間と合わせて週10時間、生徒は英語のシャワーを浴びることで、コミュニケーション力を高めていきます。

〈鈴木 天さん〉

LTEは私にとって大きな経験となりました。小学生までは人前で話す機会が少なく、LTEを始めた当初も緊張ばかりしてうまく話せませんでしたが、多くのプレゼンの場を経て、みんなの前で発表することが日常のことと思えるようになりました。少し自信がつき、成長できたと感じています。

クロス・カルチュラル・プログラム

中学3年では、LTEで身につけた英語力を発揮できる「クロス・カルチュラル・プログラム」に参加します。４泊５日のスケジュールで、前半の２泊は宮古島の地元家庭に民泊し、宮古島の歴史や文化に触れながら、実際に生活をともにすることで他者理解を深めていきます。

そして後半の２泊は沖縄本島に移動して、外国人家庭にグループでホームステイする「国内留学」を体験します。ホストファミリーとコミュニケーションをとることで、自らの英語力を確認することができるため、この経験が、高校１年で行くニュージーランド３カ月留学によい影響をもたらしています。

〈髙橋 彩巴さん〉

クロス・カルチュラル・プログラムで学んだことは自分を表現することです。沖縄の外国人家庭にホームステイしたときは、最初は言葉を聞き取ることに苦労しましたが、半日・一日が経過して、最終日には多くのコミュニケーションを取ることができました。

ニュージーランド3カ月留学

高校1年の1月から3カ月間、LTEの学びの集大成として、一貫生全員がニュージーランドに留学をします。ホームステイは1家庭に1人。現地の高校に編入し、同世代の生徒といっしょに授業を受けるので、LTEできたえた英語力を発揮できる絶好の機会となります。

また、ニュージーランドには、世界中から同世代の生徒が留学にきているため、いろいろな国の人たちと交流することができ、多様性を理解するよい機会となっています。

ニュージーランドから帰国した生徒たちは、この留学で得た貴重な経験をいかし、進路実現に向けてモチベーションを高めていきます。

〈英 真実さん〉

ニュージーランド留学は少し不安でしたが、いざ行ってみると、現地の人は優しくて、ちがうバスに乗車したときも「お金を払わなくていいから」と助けてくれました。世界中に友達ができたので、自然と英語を使う機会が増えて、少し成長できたかなと感じています。

合格に向けた

過去問演習のススメ

過去問演習の重要性は27ページで触れたとおりです。ただ、過去問は解けばいいというものではありません。ポイントを押さえて、効果的に演習していくことで、合格を勝ち取ることができるのです。まずは過去問演習の目的と注意点を紹介したうえで、演習のポイント、教科ごとの対策をお伝えします。

過去問演習の目的とは

入試問題に含まれる学校からのメッセージ

受験生のみなさんが志望校に入学するために受ける入試問題。その得点によって合否が分かれ、入学できるかできないかが決まりますよね。ではみなさんは、入試問題には学校からのメッセージが含まれていることを知っていますか？

「自分をこんなふうに表現できる生徒に入学してほしい」「この文章の内容を理解できる生徒であってほしい」など、各校の先生がたは、いろいろな思いをこめて問題を作成しています。けっして受験生をふるいにかけるためだけに入試を実施しているわけではないのです。

ですから、本番に備えて事前にそのメッセージを読み取れるかどうかが、重要なカギとなってきます。そこで役立つのが過去に出題された入試問題、通称「過去問」です。志望校の教育方針を確認するとともに、過去問をとおして入試問題にこめられたメッセージを理解することが、学校をより身近に感じること、ひいては合格への近道になるのです。

まずは「相手を知る」ことから始めよう

たとえば友だちと仲よくなりたいと思ったとき、みなさんまずは「相手を知ろう」としますよね。入試問題でもそれは同じです。過去問演習によって、それぞれの学校の特徴や出題傾向を把握することが、相手＝志望校を知ることにつながります。過去問演習をする目的のひとつに、この「相手を知る」ということがあげられます。

そのため、知っておかなければならない学校＝志望校として考えている学校の過去問を入手したら、最初に1年分（直近を除く）を解いてみます。きちんと問題に向きあうと、ぱっと見ただけではわからなかった問題の本質、重要な情報が見えてくることでしょう。

そうして過去問に複数回挑戦したら、解き終えた問題・答案を持参して塾の先生の元へ向かいます。受験生だけで各校の特徴や出題傾向をつかむのはむずかしいと思いますから、

過去問演習の注意点とは

保護者のかたや塾の先生の協力は不可欠です。さらに塾では、入試本番まで、どんなスケジュールでどんな対策を行うべきなのか、相談にものってくれるはずです。なお、志望校として考えている学校の過去問は早めに入手することをおすすめします（入手方法は28ページ参照）。

少しずつ「実力」をつけていこう

「あと100日」というこの時期から、さらなる「実力」をつけること。これも過去問演習をする目的のひとつです。ここでいう「実力」とは「入試本番で求められることに答える力」と定義します。

あらかじめ出題範囲が明示されている単元テストは、どんな問題がでるのか見当がつき、解答もしやすいでしょう。一方、過去問は範囲も広く、少し異なる視点から解き方を求められることや、複数の単元の考え方を組みあわせなければ解答にたどりつけないこともあります。

単元テストでじゅうぶんな点数が取れていた人も、過去問演習を始めた当初は、なかなか点数が伸びないかもしれません。しかし、そこで焦りは禁物です。過去問演習は、その問題でなにが問われているのか、どう解答すればいいのかを判断する力を身につける絶好の機会です。一つひとつ問題をこなしていくことで、着実に「実力」はついていきますから、安心してください。「実力」をつけるために重要な「復習」については後述します。

注目すべきは合格者平均点と最低点

合格のために求められる点数は、学校によって、さらには同じ学校であっても日程や種類ごとに異なります。ですから過去問を解いているうちに「点数をどれくらい取れば合格できるのか」ということが気になってくると思います。

かならず確認しておいてほしいのが「合格者平均点」と「合格者最低点」です。まずは各教科で合格者最低点を超えること。これが過去問演習における最初の目標となります。そして、すべての教科で合格者平均点を超えること。これができれば、合格にまた一歩近づきます。

入試では「満点」をめざす必要はありません。少しでも高得点を取ろうとする姿勢はすばらしいのですが、合格するためには、「どうしたら満点に近づけるか」と考えるよりも、「自分はいまの段階でどれくらい合格に必要な点数に到達できているのか」「どうしたら合格に必要な点数を取れるのか」ということを考える方が重要なのです。

また、いろいろな学校の過去問を解いていると、あまり点数が取れない学校の過去問もでてくるでしょう。そのときに「この学校の問題とは相性が悪い」と簡単に諦めてしまうのはもったいないことです。

算数であれば、自分が苦手な図形に関する問題が多いから点数が伸びないのかもしれません。諦める前に「なぜ自分の得点が伸びないのか」「どこを改善すればいいのか」など、自分の現状を見極めて、改善点を探ってみましょう。そこから伸びる可能性はまだまだあります。

日常生活を見直すこともミスの改善につながる

もうひとつ知っておいてほしいのは、過去問演習をはじめとする受験勉強は、ふだんの生活にもつながりがあるということです。

過去問演習をしていて、時間内に問題を解き終わらない、何度も同じミスをしてしまうといった状況でも、まったく意に介さないようなときは日常生活を思い返してみてください。ふだんから、自分のことでもまわりの人にしてもらって当たり前、という他人任せの生活が習慣になってはいませんか?

そうした習慣があれば、時間切れやミスを自分の問題としてとらえられず、「だれかがなんとかしてくれるから、自分で解決しなくても大丈夫」といった気持ちを持ってしまうことがあります。

そんなときは「時間を意識して」「ミスしないように」と口頭で注意するよりも、「自分でできることは自分でする」という姿勢を身につけられるように、ふだんの生活を見直してもらうことのほうが有効かもしれません。ぜひ試してみてください。

◇

つぎのページからは、ここで紹介したことをふまえて、効果的な過去問演習のポイントと、教科ごとの対策法をご紹介します。

先進的な
STEAM教育で
理工系グローバル
人材の育成

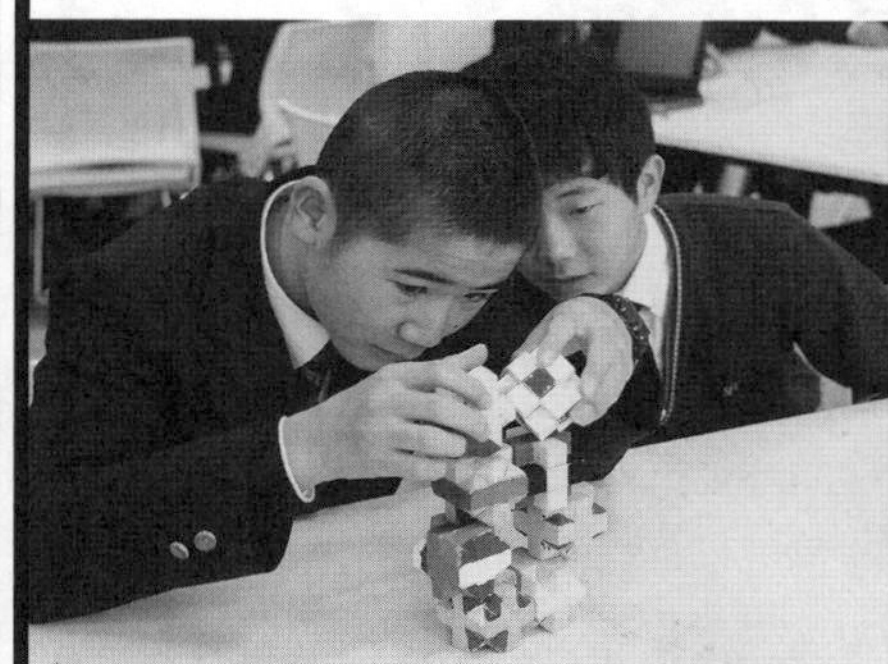

理工系教育と中高大連携であなたの好きを深めます。探究型授業で創造的なグローバル人材を育てます。

学校説明会等

すべてWebサイトからの予約が必要です。
詳細はWebサイトでご確認ください。

●SHIBAURA GIRLS' DAY（小5～中3女子）
10月17日 土 午後

●SHIBAURA DAY（オープンキャンパス）
11月 3日 火祝 午前 オンライン体験
午後 運動部体験会
終日 施設見学会

●中学説明会（ハイブリッド実施）
[春夏バージョン]
9月26日 土 10:30～11:50
10月 9日 金 18:30～19:50
[秋バージョン]
10月23日 金 9:40～11:45
11月14日 土 9:40～11:45
11月28日 土 9:40～11:45
12月12日 土 13:30～15:35
※[春夏][秋]それぞれ一度まで予約できます。

●中学説明会（オンライン）
11月15日 日 9:40～11:45
11月15日 日 13:30～15:35

●施設見学会
11月15日 日 終日

公開行事

バーチャル芝生祭（文化祭）
11月 3日 火祝 LIVE DAY
※詳細はWebサイトでご確認ください。

Shibaura Institute of Technology Junior High School
SIT High
芝浦工業大学 附属中学校

〒135-8139 東京都江東区豊洲6-2-7
TEL 03-3520-8501
FAX 03-3520-8504
http://www.ijh.shibaura-it.ac.jp

Fight! 受験まであと100日

合格に向けた過去問演習のススメ

7つのポイント

過去問演習の目的と注意点を理解したら、つづいては効果的に過去問演習を進めるため7つのポイントについて学んでいきましょう。

Point 1 時間をじゅうぶんに確保しあらかじめ計画を立てる

過去問演習は、原則として各家庭で行います。そこでまず大切なのは、いつ、どのように取り組んでいくかという計画を立てることです。入試の標準的な試験時間は、国語・算数が各50分、社会・理科が各30分です。つまりすべての教科を解くには、合計160分、さらに各教科の間に休憩時間も入れると3時間以上かかります。1年分の過去問を解くのに、これだけの時間が必要になるのです。比較的時間をとりやすい休日に取り組むとしても、1日に1校分、多くても2校分（もしくは2年分、2回分）が限度でしょう。

また、さきほども少し触れたように、解いたらそこで終わりではなく、解いたあとにしっかり復習することも重要ですから、その時間も考えなくてはいけません。

このようなことをふまえて、過去問演習は、じゅうぶんな時間を確保し、どのように進めていくかあらかじめ計画したうえで進めていくようにしましょう。なお、復習については、ポイント5で詳しく説明します。

Point 2 時間計測や解答用紙も本番を意識する

自宅で行うといっても、できるかぎり本番を意識した状況をつくりだしましょう。試験時間は休憩時間も含めて保護者がストップウォッチやキッチンタイマーで正確にはかる。受験生はスマートフォンではなく腕時計などを使う。トイレは休憩時間に行く。休憩といってもゲームをしたり、テレビを見たりしない…など、まるで試験会場にいるかのような姿勢でのぞみます。

また、解答用紙も、市販の過去問集の用紙が実際より縮小されていたら拡大コピーをしておきます。国語の解答で字数指定がない場合は縮小された解答用紙では適切な文字の大きさや量を判断できませんし、算数も途中式や考え方を書く場合、解答欄の広さで解答内容も変わってくるからです。すべてをコピーするのがむずかしい場合は、せめて記述解答が多い学校のみでも、本番さながらの準備をしておくことをおすすめします。

Point 3 採点は保護者の仕事だと心得ておく

入試本番の採点では、少しのミスであっても減点となります。ですから、採点は保護者が、本番と同じ厳格さを持って行うようにしましょう。過去問演習の時点で「ケアレスミスだったからオマケしてあげよう」という甘やかしは禁物です。その甘やかしは、お子さんのためにはなりません。

採点では正解数や得点だけではなく、「どの問題をまちがえたのか」という点を気にしてみてください。中学受験では多くの場合、正答率60～65％が合格圏内といわれています。前述したように満点は必要ありません。受験生全体の20～30％しか正解できない難問が解けなくても、「受験生の多くが正解している問題」を正解して合格最低点を取れば合格圏内に入ることは可能なのです。多くの受験生が正答する基礎・基本問題を落としていないか、採点時によく確認しておきましょう。

Point 4 ケアレスミスを自覚させる2段階採点が有効

２段階採点は、２色のペンを使い分けて、得点力アップをめざす採点法のことです。まずは赤ペンで通常の採点を行います。このときポイント３でお伝えした厳格さを持つことを忘れないようにしてください。

つぎに、１回目とは異なる色（青や緑）のペンを用意します。今度はそのペンを使って採点していくのですが、ささいな誤字や小さなミスで減点された箇所は正解として加点していくのです。

「ケアレスミスに気をつけて」とアドバイスしても、実際にミスを減らすのはむずかしいものです。しかしこのように、ケアレスミスでどれだけ減点になったのか、ケアレスミスをしなければどれくらい加点していたのかを目にすれば、おのずとミスを減らす意識が生まれてくるはずです。２段階採点はお子さんの自発的なやる気を引き出す採点方法でもあるのです。

Point 5 復習は速やかにそして短時間で行うと◎

ポイント１でも触れたように、過去問演習と復習はセットで考えます。ただし、過去問は解くだけでかなりの時間を要しますから、見直す箇所をしぼり、短時間で行うようにします。

まずは、解けなかった問題がなぜ解けなかったのか、どうまちがえたのか確認します。そのつぎに、基礎・基本の部分でまちがえた問題、小さなミスで失点した部分を中心に復習します。重要な暗記事項はテキストで再度確認してマーカーを引くのもいいのですが、あまり念入りに時間をかけて行うと、つぎの過去問に取り組みにくくなるので、注意が必要です。

そして、演習後はできるだけ速やかに復習することも大切です。時間が経ってからだと、記憶が薄れて改めて解き直す必要があるかもしれません。復習は「短時間」で「速やかに」することを心がけましょう。

中学
「国際交流教育」+「キャリア教育」
スタート!

高校から
「A特進」「N進学」「理数S」
3つのクラス編成に

- 学力向上プロジェクトで確かな学力
- 茶道・華道など伝統ある女子教育
- 日大付属校で唯一の女子校
  安心の付属推薦制度
  中高大連携教育

※開催の有無は本校ホームページでご確認ください。

学校説明会 保護者・受験生対象 10:00〜
9/20(日)・10/17(土)・11/22(日)
2021年 1/9(土) ※終了後に個別面談・施設見学ができます。※要予約 ※詳細はホームページでご確認ください。

プレテスト(説明会・施設見学・個別相談あり)
2科 12/5(土) 10:00〜 本校・新タイプ入試 12/12(土) 14:00〜 本校
※要予約 ※詳細はホームページでご確認ください。

文化祭 保護者・受験生対象 9:00〜15:00 本校
10/31(土)・11/1(日)
※入試コーナーを両日開設(10:00〜15:00)予約は不要です。当日受付へお越しください(受付は14:30まで)。

池袋ミニ説明会 18:15〜 アットビジネスセンター池袋駅前別館
11/27(金) ※要予約 ※詳細はホームページでご確認ください。

日本大学豊山女子中学校
〒174-0064 東京都板橋区中台3丁目15番1号
TEL・03-3934-2341
access
● 東武東上線「上板橋」駅下車 ……… 徒歩15分
● 都営三田線「志村三丁目」駅下車 …… 徒歩15分

赤羽・練馬より スクールバス運行
赤羽駅 ⟷ 本校バスロータリー 15分
練馬駅 ⟷ 本校バスロータリー 20分

詳しくはホームページをご覧ください。
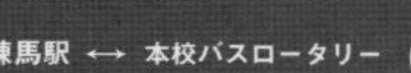
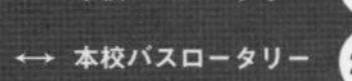
日大豊山女子 検索
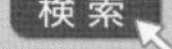
https://www.buzan-joshi.hs.nihon-u.ac.jp/

Point 6 復習ノートをつくればミスの繰り返しを防げる

さきほど復習は「短時間で」「速やかに」行ってほしいとお伝えしました。しかし、何度もまちがえてしまう基礎・基本問題や、見落としていた重要事項については、「復習ノート」をつくることをおすすめします。とくに決まった形式があるわけではないので、短時間で作成できて、あとから確認しやすいものがいいでしょう。一例として、多くの合格者が効果的だったと語る復習ノートの作り方をお教えします。市販のノートを見開きで使用し、左ページにはコピーした問題を貼り、右ページには解法と解答を書きます。問題を書き写すのではなくコピーするのは、時間短縮のためです。

このノートのよさは、見開きで、問題、解法、解答をひと目で見られるところです。しかも右ページの解法・解答部分を透けない紙で隠せば、解き直すこともできます。その特徴をいかして、自分がミスしやすい問題を集めたオリジナルの問題集をつくるのもいいですね。同じようなミスを防ぐためにも、こうした復習ノートをうまく活用していきましょう。

Point 7 過去問演習でモチベーションアップ

最後のポイントは、過去問演習をモチベーションアップにつなげるということです。たとえば、ポイント6で紹介した復習ノートにまとめた問題をミスなく解けるようになってくれば、努力の成果が表れたと学習意欲も高まるでしょう。また、過去問演習のために計画表をつくったなら、終えたものに傍線を引いていくのもおすすめです。自分がこなした量がぱっとみてわかるので、「これだけの量の過去問をやったんだ」と達成感を味わえるはずです。

ときには、点数が思うように伸びずに落ちこむこともあるでしょう。そんなときに支えとなるのがご家族のみなさんです。得点ばかりを気にするのではなく、計画を立ててコツコツと過去問演習に取り組んでいること、ミスを減らそうと努力していること、内容を重視した学習をしていることなど、一つひとつの努力が合格へとつながっていくのだと励ましてあげてください。今回ご紹介したポイントに気をつけていけば、かならず「実力」はついていきます。諦めずに前を向いて取り組んでいきましょう。

JAPANESE

合格に向けた 過去問演習のススメ 国語

国語のポイント

- ▶制限時間内に文章を読みとおす
- ▶記述問題の解答は相手に伝わる文章で
- ▶語彙を増やして得点アップをねらう
- ▶「復習ノート」の活用もおすすめ

制限時間内に文章を読みとおす

国語の入試問題でよくみられるのは、文学的文章（物語文、随筆など）1題と、説明的文章（説明文、論説文など）1題（加えて独立した知識問題がつくこともある）というパターンです。

近年の入試は、問題の情報量が増加傾向にあります。国語も例外ではなく、問題文や選択肢の文章が長文化しているため、読むスピードが遅ければその分、問題を読む＋解答を書くのにも時間がかかり、不利になってしまいます。

ですから過去問演習をつうじて、一定量の文章を短時間で読みとおす力を身につけておく必要があるのです。まずは問題を読む→解答するという一連の作業を制限時間内に行えるかを確認します。

そして、それがむずかしいようなら、「文章をなんとなく読んでいるから頭に入っていないのではないか」「理解できない部分を繰り返し読んでしまっていないか」などをチェックしていきます。

文章を読むのが苦手、遅いと感じている人は、志望校以外の過去問も活用して、どんな問題なら読みやすく、どんな問題だと読みにくいのか、自分の得意・不得意を把握していくのも有効です。また、同じ問題に何度も繰り返し取り組むと、その文章への理解が深まり、読む力が養われます。

記述問題の解答は相手に伝わる文章で

自分で書いた文章は、たとえ言葉が足りなかったとしても、わかった気になりがちです。しかし、自分以外の人が読んでも、同じように内容がきちんと伝わるでしょうか？　記述問題で最も重要なのは、「相手にしっかりと自分の考えが伝わる文章を書けるか」という点です。

とはいっても、自分以外の人にもきちんと内容が伝わっているか、いきなり自分自身で確認するのは大変だと思います。最初のうちは、記述問題の解答ができたら、自宅であれば保護者のかたに、塾であれば塾の先生にチェックしてもらうと安心です。何度か回数を重ねるうちに、自分で自分の書いた内容が相手に伝わるかどうか判断できるようになってくるはずです。そうなれば国語の力がついてきた証拠です。

また、記述式問題で気をつけたいのは、「解答欄を早く埋めなければ」と焦るあまり、乱雑な字で書いてしまうことです。どんなにいい内容を書いていても、読めない字であれば採点のしようがありません。それに、ていねいに書いても乱雑に書いても、あまりスピードは変わらないのだそうです。

書くスピードを上げたいなら、書き写しにチャレンジしてみましょう。書く時間をはかりながら、新聞のコラムや教科書などの良質な文章を、1日に長くて200字程度、書き写します。これを繰り返すうちに、スピードが上がっていきますし、漢字の練習にもなるのでおすすめです。

語彙を増やして得点アップをねらう

漢字の読み書きや文法など、「言葉」に関する知識を問われるのも国語の入試ならではの特徴です。

漢字を覚えようとしても、たんに繰り返し書くだけでは効果的に覚えるのはむずかしいと思います。そこで試してほしいのが、国語辞典の用例を使った学習です。国語辞典の用例（わかりやすい用例が載っている辞典を使用する）を参考に短い例文をつくって、「使える言葉」としてインプットしていくのです。

「使える言葉」を増やすと、語彙（ごい）が増えていきます。語彙を増やすことは、自分の言葉で答える記述式問題の得点アップにもつながります。

なお、過去問演習で不正解だった漢字は、そのつどその場で覚えていくようにしましょう。もし意味がわからないものがあれば、これもその場で辞書を引き、意味を覚えていくようにします。

「復習ノート」の活用もおすすめ

64ページのポイント5でもご紹介したように、過去問演習において「復習」は大きなポイントになります。

そして、ポイント6で触れた「復習ノート」は、国語の復習でも有効活用できます。

復習ノートに載せるのは、不正解だった問題、正解したものの理解が不十分だと感じている問題などです。塾の先生の説明や、自分で読んだ解答・解説などを自分のなかで消化したうえで、なぜそのような解答になるのか、自分の言葉で書き残しておきます。

また、記述問題は条件のある問題はもちろんのこと、自由記述の問題でも、かならず入れなければならないキーワードがしめされているはずです。そのキーワードはなにか、そしてそれがなぜキーワードとなるのかも書いておきましょう。

選択問題は、なぜその選択肢を選んだか、その根拠が文章のどこに書かれているのか、どの部分と異なるのか、といったことを、自分が理解したとおりに書きます。

それらを書き残しておけば、あとで見返したときに、そのとき自分がどんなふうに考えて、どんなふうにまちがえてしまったのかがわかります。これも復習ノートの活用法のひとつです。

最後にお伝えしたいのが、国語の過去問演習における注意点です。

市販の過去問集や、過去問を集めたウェブサイトには、著作権上の理由から、問題文が掲載されていないことがあります。ただし、多くは原典がしめされているはずですから、可能なかぎり、どんな文章が出題されたのか、該当箇所を確認しておくことをおすすめします。

湘南学園
中学校高等学校

わたし と“誰か”のつながり
ここ と“遠く離れた地域”のつながり
今 と“はるか未来”のつながり
そんな視点を軸に世界を見つめる

毎日のすべてを学びに

第2回学校説明会
9/19（土） ※オンライン開催
13:00～15:00
全学年対象
▶ 申込受付 8／1（土）～9／18（金）

秋のオープンキャンパス
10/25（日）
9:00～12:00
全学年対象
▶ 申込受付 9／19（土）～10／24（土）

中学受験

グローバル教育出版の本

2021年度大学入試改革の狙いに対応

問題発見・解決型パズル×40

適性検査の考え方に即した出題も

公立中高一貫校受検にも対応

ことわざや慣用句は、中学受験のポイントとして大切な学びです。この本では、さまざまなタイプの「言葉パズル」を解くことで、ことわざや慣用句が知らずしらずのうちに覚えられるように工夫されています。

解き方は、わからない部分を発見し、解決するために、ほかのキーワードをみつけて解いていく「問題発見・解決型」です。意味や言い回しがキーワードになってはじめて、パズルが解けるようになっているのです。

また、国語の得点力アップに欠かせない入試頻出のことわざや慣用句は、くりかえしでてくるように仕掛けられており、いつのまにか定着してしまいます。

パズルDE合格シリーズ ことわざパズル 慣用句も覚えられる

やまじ もとひろ 著　Ａ５判　128ページ　並製本　定価1,200円＋税

全国書店、ネット書店、弊社ホームページよりお買い求めください。

受験の極意＝時間の管理

『時間を制する者は受験を制する』。例えば過去問を解こうとするとき、与えられた時間のなかでどの問題にどれぐらいの時間をかけて解いていけば、合格圏に入れるのか、それを知ることが大切です。

時間を「見える化」して、受験生自身が時間の管理に習熟することが、合格への道と言えます。

そのための魔法の時計「ベンガ君」（大〈№605〉・小〈№604〉）が、合格への道をお手伝いします。

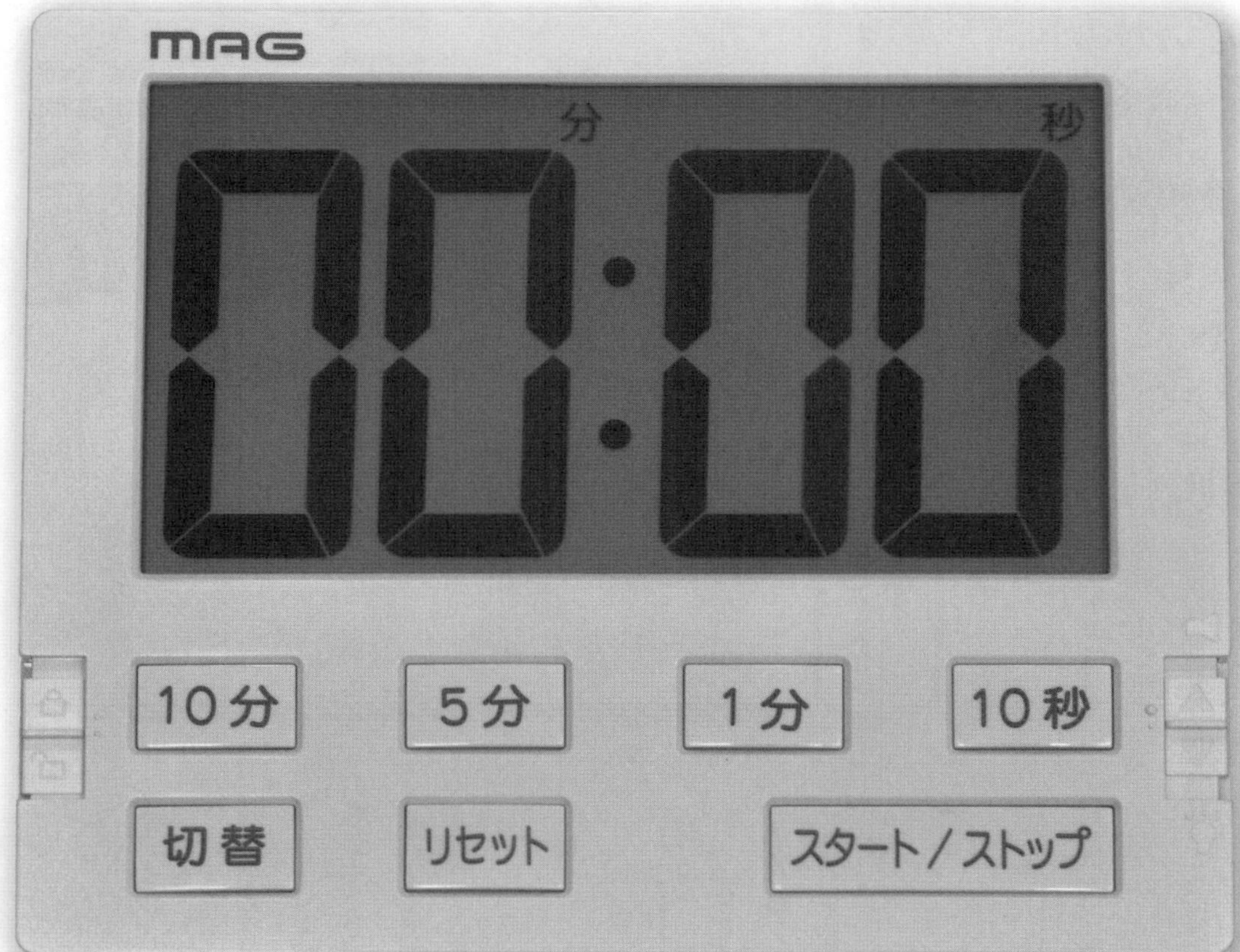

㊧ベンガ君605
14㎝×11.5㎝×3㎝
重量：190ｇ
価格：
1個2,000円（税別）
送料：（梱包費・税込み）
2個まで500円
4個まで1,050円
9個まで1,500円
10個以上送料無料

写真はともに原寸大

㊦ベンガ君604
8.4㎝×8.4㎝×2㎝
重量：80ｇ
価格：
1個1,200円（税別）
送料：（梱包費・税込み）
2個まで250円
4個まで510円
9個まで800円
10個以上送料無料

デジタルタイマー ベンガ君 シリーズ

スマホのストップウォッチ機能では学習に集中できません！

●デジタルタイマー「ベンガ君」の特徴と機能

- カウントダウン機能（99分50秒～0）
- カウントアップ機能（0～99分59秒）
- 時計表示（12/24時間表示切替）
- 一時停止機能＋リピート機能
- 音量切換（大/小/消音・バックライト点滅）
- ロックボタン（誤作動防止）
- 立て掛けスタンド
- 背面マグネット
- ストラップホール
- お試し用電池付属
- 取り扱い説明書／保証書付き

スマホを身近に置かないことが受験勉強のコツです。触れば、つい別の画面を見てしまうからです。

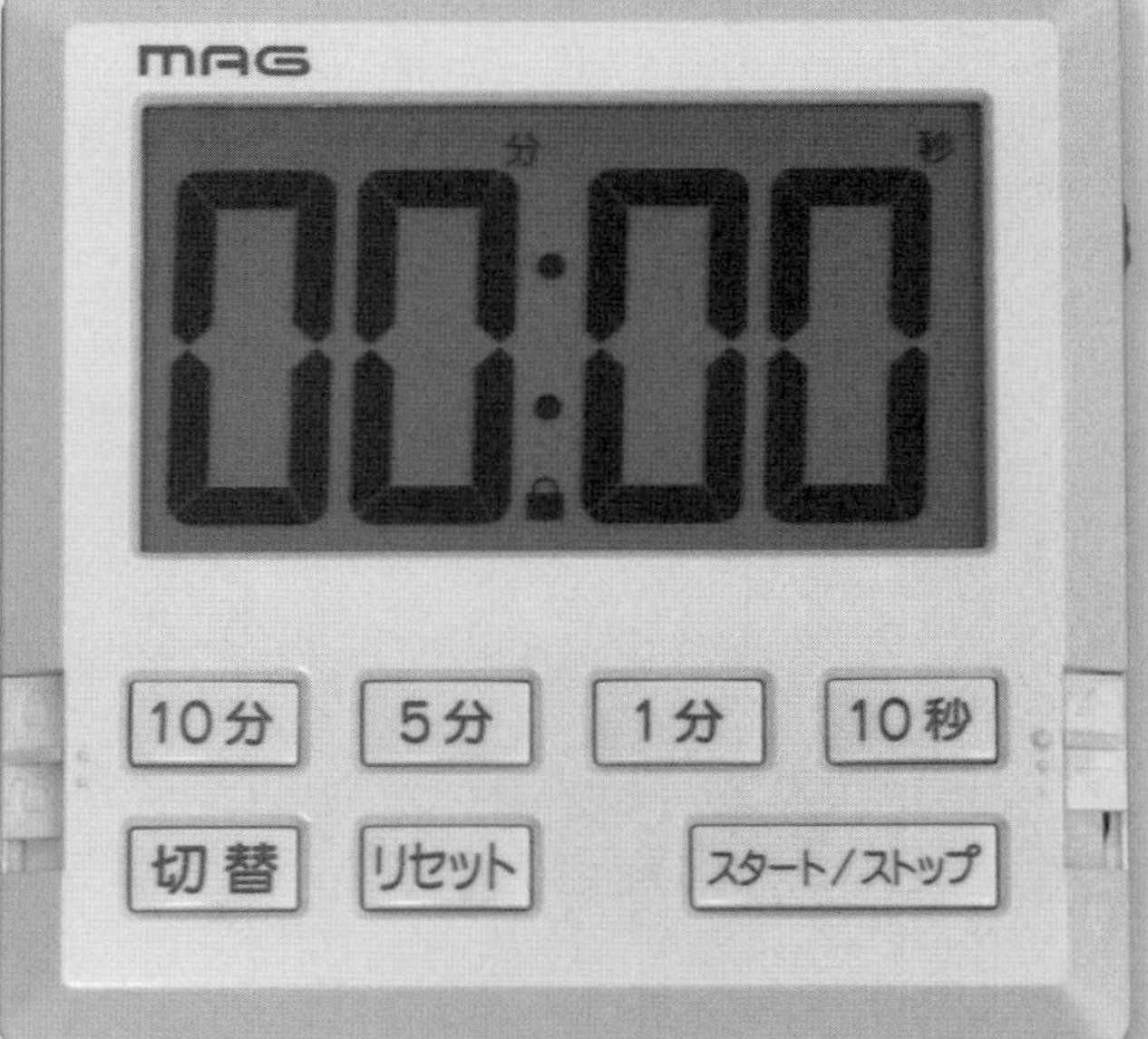

●お支払い/郵便振替（前払い）・銀行振込（前払い、下記へ）●お届け/郵送（入金1週間前後）
株式会社グローバル教育出版通販部　〒101-0047 東京都千代田区内神田2-5-2　電話 03-3525-8484

■価格および送料は予告なく改定されることがあります。お申し込み時にご確認ください。■お客様の個人情報は、商品の発送および弊社からのご案内以外に使用されることはございません。
■銀行振込先／三井住友銀行神田支店　普通預金7922258　株式会社グローバル教育出版

MATHEMATICS

合格に向けた 過去問演習のススメ 算数

算数のポイント

- ▶初見の問題はどこかにあるヒントを探す
- ▶時間との戦いがカギになるので解けるか解けないかの判断が重要
- ▶ミスをしないではなくミスに気づけるように

初見の問題はどこかにあるヒントを探す

入試問題は学校や塾で受ける単元テストとは異なり、あらかじめ「〇〇算の問題です」「〇〇の公式を使います」と解答のヒントはしめされません。それに、複数の単元の要素を組みあわせた出題がなされることもあります。

ですから何算を使って解けばいいのか、どの単元について問われているのか…どうすればいいかわからず、思わず手がとまってしまうこともあるかもしれません。

算数の入試では、このように「見たことがない」と感じる問題とであうことがたびたびあります。そうした問題とであう確率は、上位校になればなるほど高くなります。

つまり難関校の算数の入試では、受験生が受験勉強をとおして養ってきた力を総動員して、目前の問題に解答できるかどうかが問われているのです。

単元テストでは解答できたのに、過去問演習だと得点が伸びない人は、正解にたどりつく力自体は身についているはずです。しかし、解き方がわからないばかりに、正解にたどりつけないのです。せっかく解ける力があるのにそれは非常にもったいないことです。

では見たことのない問題にであったらどうすればいいか。まず着目したいのは、図やグラフです。算数の問題は基本的に合理的でムダがないようにつくられているため、図やグラフが解答のヒントになることもあるのです。

どんな問題にも手がかりはあるはずです。「初めて見る」問題がでてきても、必要以上におそれないでください。初見だからといって難問とはかぎりませんし、初見だと感じた問題がじつは初見ではない可能性も考えられます。

過去問演習は初見の問題にであえるチャンスです。そこでいかにヒントを見つけ、これまで学んだことを応用して解答にたどりつけるかを試せる場でもあります。どんどんチャレンジしていきましょう。

時間との戦いがカギ 解ける・解けないの判断を

算数は、時間との勝負が大きなカギを握る教科です。そんななかで初めて見る問題や難問に直面し、てこずっていると、気づけば残り時間が少なくなっていた…なんていうことになりかねません。

入試問題のなかには、多くの受験生が解答できないような難問、たとえば正答率20%に満たないような問題がでることがあります。ふだんなら、こうした問題に対して、果敢に挑戦することも悪いことではないでしょう。

しかし、入試には制限時間があります。与えられた制限時間のなかでいかに効率よく問題を解いていくか、時間配分について考えるのも受験生の大切な仕事です。一定時間考えても手がかりすらつかめないようなら、潔くその問題を捨てるという判断が必要になってきます。

比較的簡単に解けるか解けないかの判断ができるのは、ある程度単純な1行問題や計算問題などですが、大問でも、⑵は解けないけれど、⑴や⑶は解ける、ということがあります。過去問演習を繰り返すうちに、制限時間内に各問題を解ける・解けないの判断ができるような力を身につけましょう。

また、与えられた制限時間のなかで効率よく問題を解く判断力をつけるためにも、過去問演習の際は、本番と同じように時間をはかりましょう。もし時間内に解き終えることができなくても、いまの実力を知るいいきっかけになったと前向きに考えればＯＫです。

入試は満点をめざすよりも、「合格ライン」を超えられるかどうかを重視すべきだというお話はこれまでもしてきました。過去問演習をとおして、本番で焦ったりあわてたりすることなく、「解ける問題をきちんと解ける」ようになる練習をするのだととらえましょう。

ただし気をつけてほしいのは、すぐに諦めてしまう癖がついてしまうことです。ほんの少し考えてわからなければ、すぐつぎの問題に移ってしまう習慣がついてしまうと、合格ラインにたどりつくことすらできません。すぐに諦めることなく、うまく見極めることが大切だということを覚えておいてください。

ミスをしないではなく ミスに気づけるように

計算ミスをなるべく減らすことにも注力したいものです。「ミスをしないようにしよう」と思うだけでは、実際に減らすのはなかなかむずかしいですが、工夫ひとつでミスを少しでも減らせる可能性があります。

その工夫というのは、「ミスに気づけるようになる」というものです。ミスは自分がまちがっていることに気づかないから起こります。単位、最終的に答える数値、図形への書きこみといったポイントを振り返り、もし同じミスを繰り返しているようなら、その項目を書きだしてみるのです。そうして「気をつけよう」と思うだけではなく、実際に「気づけるようになる」と、ミスは減っていくでしょう。

また、ふだんから、「1分間に人が歩く距離は何mくらいか」「500mLとはどれくらいの量か」というように具体的に数値をイメージしておくこともミスを減らすのには有効です。具体的なイメージを持っていると、自分が導いた答えの数値に違和感があればどこかでミスをしていると気づけるかもしれません。

そして、解答にいたるまでの過程もなるべく残しておきましょう。書き残しておけば、検算の際にまちがいに気づいたらミスの手がかりを見つけることができますし、そこからすぐに修正することも可能です。

心素直に、
知性輝く。

学校説明会
9月27日(日) 9:30～12:00
10月18日(日) 9:30～12:00
※小学生と保護者の方対象（要Web予約）

入試対策会&解説授業
11月23日(月・祝) 9:30～12:00
※6年生と保護者の方対象（要Web予約）

受験相談会
12月 5日(土)　12月20日(日)
※6年生と保護者の方対象（要Web予約）

本庄東高等学校
附属中学校
●TEL 0495-27-6711
〒367-0025 埼玉県本庄市西五十子大塚318
FAX 0495-27-6741
URL http://www.honjo-higashi.ed.jp

SOCIAL STUDIES

Fight! 受験まであと100日

合格に向けた 過去問演習のススメ 社会

社会のポイント

- ▶土台となる知識の習得に力を入れる
- ▶「つながり」を意識することが大切
- ▶ふだんから時事問題に関心を持つ
- ▶ほんのひと手間の工夫でミスを減らす

土台となる知識の習得に力を入れる

暗記さえしておけばそれなりに点数が取れると思われることが多い社会。しかしその名のとおり「社会」全体をあつかいますから範囲が広く、暗記だけで合格点に達するほど甘い教科ではありません。

それに、近年の入試は、「図表、グラフ、写真、地図が多用される」「世の中で関心を集めている話題に関する出題がなされる」「その場で考えさせる問題が増えた」という特徴があります。

こうした問題をだすことで、学校側は受験生に、「与えられた資料から意味のある情報を読み取る力」「ふだんから世の中のできごとに関心や問題意識を持つ力」「自分の知識と得られた情報を結びつけて考える力」が備わっているかどうかをみようとしているのです。

なかには暗記した知識量を問うところもありますが、問題にでてくる資料のみをヒントに解答を導かなければならない出題をする学校もあります。そうした問題に対応するためには、受験生もそれなりの力を身につけておかなければなりません。

もしいま、表面的な部分をただ暗記している受験生がいたら、今後はその背景もしっかり理解するようにしましょう。そうして「思考の土台」となるように知識を入れていくと、知識同士が結びついて、問題を解くときに大きな力となります。

「つながり」を意識することが大切

さて、知識を増やしたいときにまず思い浮かぶのが、1問1答形式でしょう。たしかに多くの知識を身につけられる方法ではあります。しかし、1問1答では、地名、人物名、年号などがバラバラの知識として頭に入ってしまうので、前述した「思考の土台」として機能してくれる可能性は低いです。

「思考の土台」として役立てるためには、それぞれの知識をつなげておく必要があります。たとえば地理なら、地図に、地形と気候、地形と産業というように、一見別々に見える情報を集約していくと、気候と産業がそれぞれ関連していることがわかってきます。

歴史なら年号とできごとのみ「○○年にこういうことが起きた」と覚えるのではなく、なぜそれが起こったのか、だれが関係しているのかといった原因や理由、関連人物をおさえ、さらにはその後の影響なども含めて、ひとつのつながりとして覚えるようにします。

公民や時事問題は、まず私たちの暮らしと制度や仕組みがどう関係しているのか考えてみましょう。身近なところから具体的なイメージをしていくと、理解が深まりやすくなるでしょう。

入試ではあるひとつの題材から、「つながり」を理解しているかどうかを問われることも多くなっています。過去問のあとで確認できるように、過去問の

復習を行うときは、ノートなどにそうしたつながりをまとめておくことをおすすめします。

また、つながりを理解するためには「なぜ?」という問いかけも有効です。当たり前だと思っていたことも、自分で「なぜ?」と問いかけることで新たな発見や結びつきが生まれることがあるからです。

たとえば「なぜコメの生産は東北各県や新潟県でさかんなのか」「なぜ衆議院と参議院の二院があるのか」といったかたちです。これを繰り返すことが、できごとや制度の意味を考えたり、言葉で表現したりするのに役立ちます。なるべく自分で「なぜ?」という問いかけを見つけ、その答えを考えるようにしましょう。

ふだんから時事問題に関心を持つ

残りわずかとなった2020年。今年は新型コロナウイルス感染症の流行が、さまざまな影響をおよぼしました。みなさんが通う小学校も臨時休校になりましたし、会社もテレワークを推進するように。多くのイベントも自粛を余儀なくされ、2020年に開催予定だった東京オリンピック・パラリンピックも延期が決まっています。また、7月から始まったレジ袋の有料化にともない、環境問題にまつわる出題がなされる可能性もあります。

時事問題の対策として効果的なのは、できるだけふだんから世の中のさまざまなことに関心を持とうとする姿勢です。入試のために勉強するというよりも、大きなニュースがあったら関心があるうちに学び、それに関連すること・影響することなどについても触れておく。そうした積み重ねがのちのちいきてきます。

ほんのひと手間の工夫でミスを減らす

そして、社会の入試では、設問を読む際、気をつけなければならない部分に印をつけておくことをおすすめします。たとえば、選ぶ解答の個数が「ふたつ選べ」なのか「すべて選べ」なのか、問われているのは「正しいもの」なのか「誤っているもの」なのか、そうした指示のところに○印をつけたり、下線を引いたりします。

また、「【　】県」というように、空欄を埋めるかたちで解答する場合は、空欄がどこまでなのか、よく確認します。すでに解答欄に「県」は入っているのに「埼玉県」と解答してしまうのはNGですから、県の字をめだつようにしておくなど、工夫しましょう。

そのほか明らかに不正解の選択肢があれば、まちがっている記述に×をつけると「誤った選択肢であること」を自身で改めて確認できるので、ケアレスミス防止につながります。手間を惜しまず、こうした工夫を習慣化しておくことがミスを減らすことにつながります。

YAMATE

学校説明会
HPより要予約
10/10㊏10:00～
11/ 7㊏10:00～

入試直前説明会
HPより要予約
11/28㊏14:00～
1/ 9㊏10:00～

今後の状況によっては
予定が変更になる可能性があります。
あらかじめご了承ください。

説明会、行事の詳細は WEBをチェック　山手学院　検索

山手学院中学校・高等学校
〒247-0013 横浜市栄区上郷町460番地
TEL 045(891)2111　www.yamate-gakuin.ac.jp

SCIENCE

合格に向けた 過去問演習のススメ 理科

理科のポイント

- ▶資料を手がかりに解答を導く力が必要
- ▶覚えている≠わかっている
- ▶過去問演習で「考える力」を養っておく
- ▶応用力は実験問題でも問われるように

資料を手がかりに解答を導く力が必要

他教科のページでも触れた、問題が長文化する傾向。これは、理科にも当てはまります。さらに理科では、長文化のみならず、グラフや図表、写真といった与えられた資料から読み取った情報を手がかりに、答えを導きだすことも求められるようになっています。

みなさんのなかには、理科が得意なのに、こうした資料を用いたタイプの問題を解こうとすると、なぜか得点に結びつかない…という人はいませんか？　そんなあなたは暗記が得意ではありませんか？

じつはこうしたタイプの問題は、さまざまな資料のなかに問題を解くヒントが隠されているので、教科書や参考書の知識を使わずとも解くことができます。ですから、暗記が得意な人は、いろいろな角度からものごとを考える習慣が身についておらず、暗記した知識のみで問題を解いているために、得点が伸びないのだと思います。

覚えている≠わかっている

また、これまで小テストや単元テストでは高得点が取れていたのに、過去問演習になるとなかなか点数が伸びないという人もいることでしょう。それも、原因は同じです。

小テストや単元テストでは、重要事項を「覚えていれば」解答できる問題もでてきます。しかし、「さまざまなことをよく覚えている」＝「考えなくても解答できる」ともいえます。反対に、「覚えていること」は「理解していること」と同じとはいえません。

過去問演習で思うように点が取れない人は、暗記したことをそのまま解答欄に書きこんでしまっているおそれがあります。それでは問題を理解して解答していることにはならないので、点数は伸び悩みます。

理科の点数を伸ばすためには、いろいろな視点から「考える力」が大切になってきますが、いまの状態をつづけていても、「考える力」は身につきません。つぎから紹介する方法を試して、少しずつその力を伸ばしていきましょう。

過去問演習で「考える力」を養っておく

考える力を身につけるためには、まず「資料をもとに考える」問題に数多くあたりましょう。多くの問題に触れていくうちに、覚えていること（知っていること）だけで問題を解こうとする癖を修正できますし、初見の問題にであっても、順序立てて落ちついて解答を導けるようになるはずです。

つぎに、過去問演習は「新しいことを学ぶ」場だととらえて、問題文、グラフ、図表、写真といった資料をていねいに確認していきます。資料を読みこめば、最初は「解けない」と思った問題も、じつは解答のヒントがじゅうぶん隠されていたことがわかるはずです。

そして社会同様、ふだんから「なぜ?」という疑問を立てて、自分の言葉で答える作業を繰り返すのもおすすめです。自分の頭で考えるトレーニングを重ねることが、初めて見た問題にも対応できる力を養うことにつながります。

応用力は実験問題でも問われるように

「実験」をあつかった出題は、理科の入試ならではの特色です。「定番の実験」と呼ばれる、教科書や参考書に載っている実験、繰り返し出題される実験もあるので、図を見ただけでどの実験かわかる人もいるでしょう。

以前の実験問題では、こうした実験に使用する器具や、実験によって発生する物質の名称、実験結果など、「知っていれば解ける」内容を問われることが多くありました。

しかし、近年は「なぜこの実験をするのか」「それぞれの手順を、その段階で行う意味をきちんと理解しているか」「実験結果にはどんな意味があるのか」など、たんなる知識だけでは解けないような、一歩ふみこんだ内容が問われることが増えてきました。

そうした問いにも対応できる力を培うためには、過去問演習のときにノートをつくることが効果的です。見たことのある実験問題だったとしても、「この実験をする目的」「この操作をこの段階でする意味」「このような実験結果が導きだされる理由」などを、自分の手と頭を使ってノートにまとめるのです。

こうして、目的、手段、結果を整理する作業をしておくと、これから初見の実験問題にであったとしても、応用がきくようになります。ほんのひと手間の工夫が、将来的には大きな力になるのです。

最後にお伝えしておきたいのが、記述問題に対する注意点です。ほかの教科と同じように、理科でも記述での解答が求められる場面が多くなってきました。

記述で解答するときに、「字数をなるべく多く書いた方が、その分得点も多くもらえるのではないか」と思っている人。また、すでに必要な情報は書き終えたのに、解答欄の大きさにとらわれてしまい、つい余計な文章を書いてしまう人。そんな人はとくに要注意です。

記述問題を解答するときに重要なのは「内容が正確であること」です。解答の長短に気をとられて、余計な言葉を足してしまったとします。そのせいで不正確な内容になってしまうと、大きな減点となるばかりか、点数をもらえないということにもなりかねません。

この注意点は理科の記述問題にかぎったことではありませんので、どの教科でも「正確な内容を記述する」ことの大切さをしっかり覚えておきましょう。

パズルDE合格シリーズ
英単語パズル
英検3・4級レベル(小学校高学年用)
全国書店・Amazonにて発売中

『合格アプローチ』編集部編
A5判 128ページ 定価1,200円+税
小学校英語必修化に対応
楽しく学んで記憶できる
問題発見・解決型パズル
まもなく、日本の教育が大きく変わります。なかでも外国語教育は、小学校5～6年生で英語を正式教科にするほか、歌やゲームなどで英語に親しむ「外国語活動」の開始を3年生からに早めます。大きな変革を迎える大学入試でも英語の重要性は飛躍的に増すことにもなります。中学受験を行う私立中学校は、すでに英語入試を様々な形で取り入れ始めています。この本は、導入段階の小学生が、楽しく英単語を学べるようパズル形式を採用し、問題を解決することで記憶につながる工夫がなされた内容になっています。
株式会社 グローバル教育出版
東京都千代田区内神田2-5-2
信交会ビル3F
電話03-3253-5944
Fax 03-3253-5945
http://www.g-ap.com/

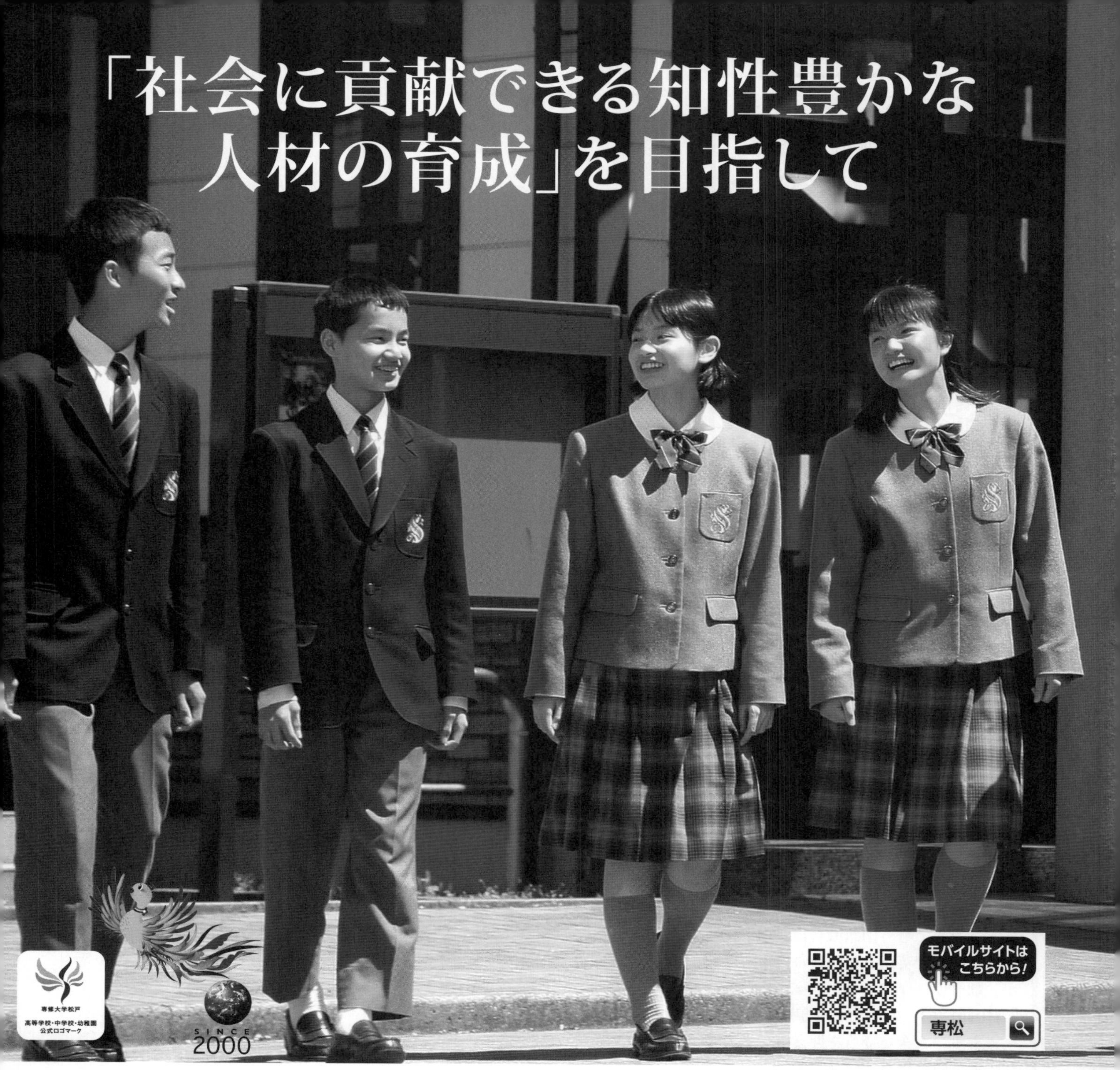

「社会に貢献できる知性豊かな
人材の育成」を目指して
専修大学松戸
高等学校・中学校・幼稚園
公式ロゴマーク
SINCE
2000
モバイルサイトは
こちらから!
専松

専修大学松戸中学校・高等学校

〒271-8585 千葉県松戸市上本郷2-3621 TEL.047-362-9102 https://www.senshu-u-matsudo.ed.jp/

予＝要インターネット予約（本校HP）

中学校説明会（要予約）

予 9/18(金)10:00〜

10/3(土) 10:00〜12:00
11/3(火・祝) 10:00〜12:00
12/12(土) 11:00〜13:00

【ダイジェスト版】 予 12/18(金)10:00〜

★本校の説明会参加が初めての6年生対象

1/10(日) 14:00〜15:00

文化祭

★新型コロナウィルス感染拡大防止のため一般の方のご来校はご遠慮ください。

インターネット出願実施

令和3年度中学入学試験 ■試験科目：3回とも4科目（面接なし）

▶第1回1/20(水)〈定員100名〉 ▶第2回1/26(火)〈定員30名〉 ▶第3回2/3(水)〈定員20名〉

※第２回入試の定員には、帰国生枠（若干名）を含みます。なお、帰国生枠に出願の場合のみ、面接試験があります。
※第２回帰国生入試は、第1・3回一般入試との同時出願が可能です。 ※詳細については募集要項をご参照ください。

社会情勢の影響もあり、開催に関しては事前に必ずHPをご確認ください。

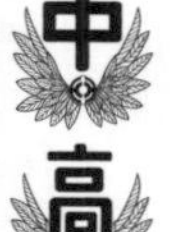

21世紀型教育=グローバル教育3.0

世界に学び、世界と学び、世界で学ぶ

21世紀型教育を実現する3つのクラス

ハイブリッドインターナショナルクラス
（英語・数学・理科を英語イマージョン教育）

ハイブリッド特進クラス
（文理融合型リベラルアーツ）

ハイブリッド特進理数クラス
（実験・ICT教育を強化）

世界から必要とされるコミュニケーションスキルを身につける

ICTの活用
（ICTと電子ボードを活用した授業）

電子図書館
（Fabスペースで編集・プログラミング）

異文化体験プログラム
（USA2週間・AUS3週間）

2020年度 オンライン説明会日程

各回共通の内容:「未来を見すえた工学院のオンライン授業」

学校説明会（リアルタイム配信）［要予約］

第８回　9月19日（土）10:00～11:00
第９回 10月　3日（土）14:00～15:30
第10回 10月24日（土）14:00～15:30
第11回 11月　7日（土）10:00～11:00
第12回 12月12日（土）10:30～12:00

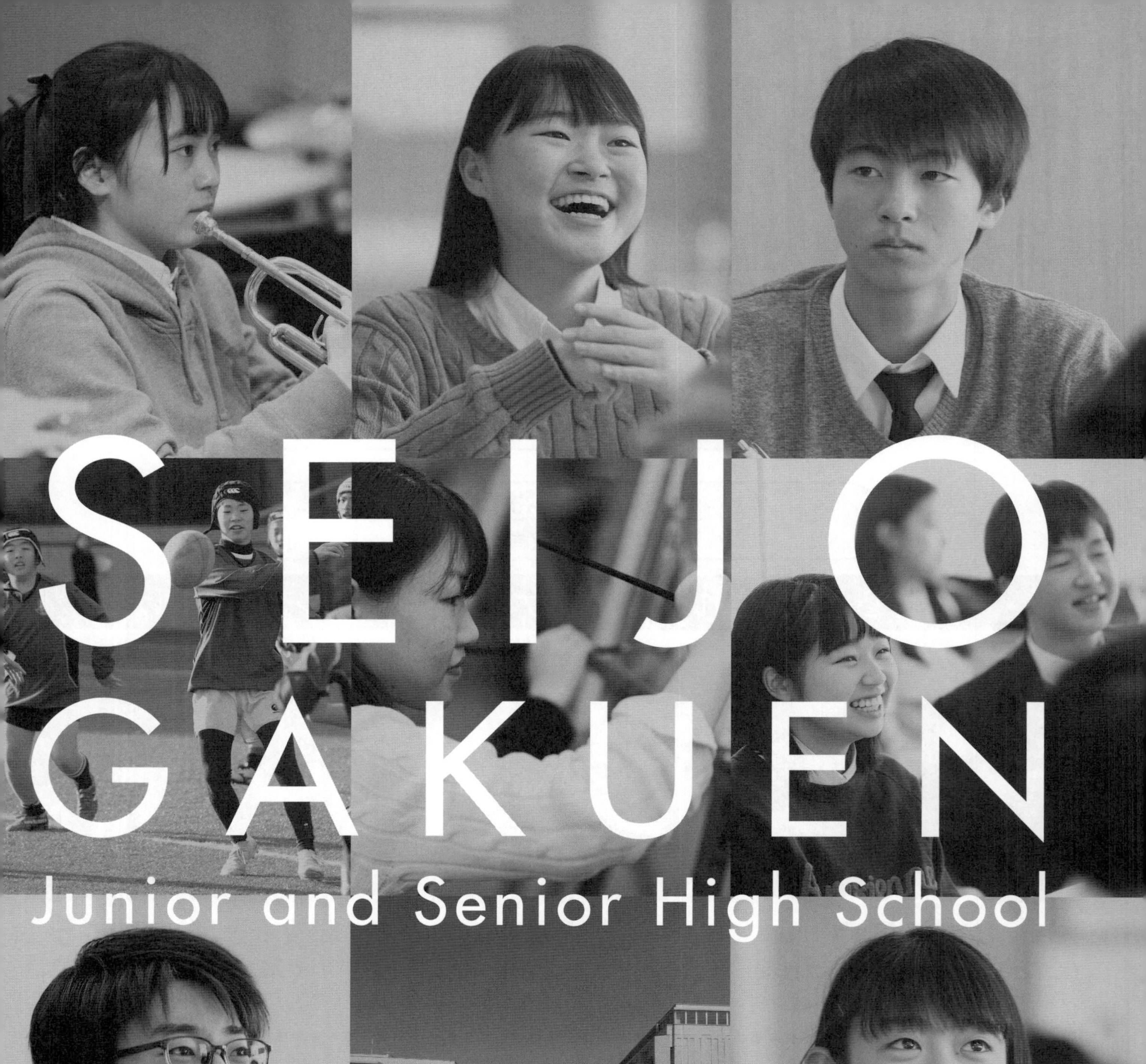

SEIJO GAKUEN

Junior and Senior High School

説明会の日程はHPにてお知らせしますのでご確認ください。

成城学園中学校高等学校

〒157-8511 東京都世田谷区成城6-1-20 TEL.03-3482-2104/2105(事務室直通)

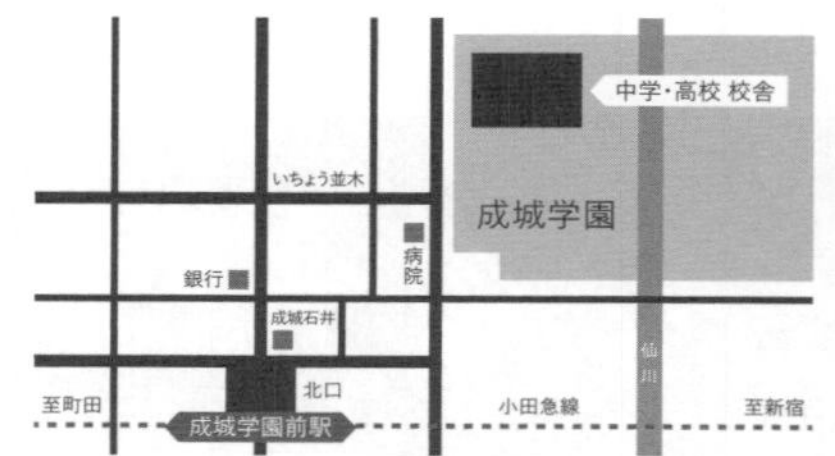

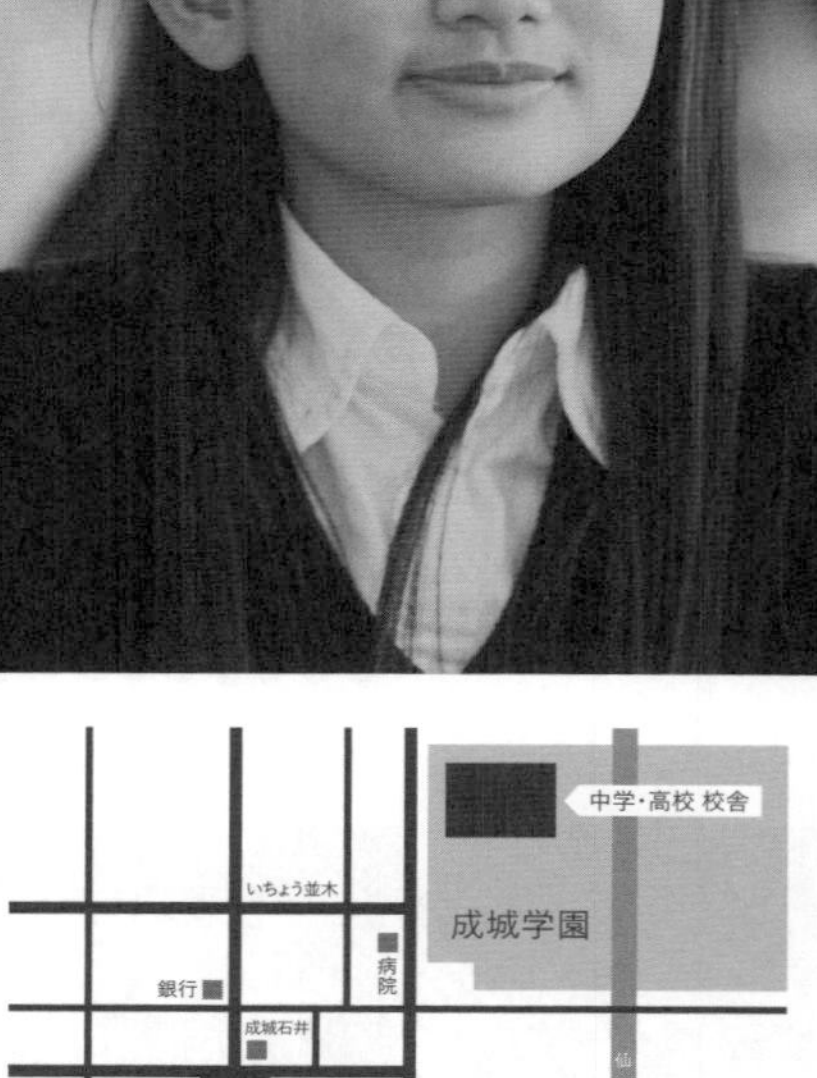

「自然・生命・人間」の尊重

●入試説明会

10月20日（火） 14：00～15：10

10月21日（水） 14：00～15：10

会場：本校　第一体育館アリーナ

※予約は、9月1日からです。

●帰国生学校見学会・説明会

12月25日（金） 13：00～15：00

※予約は、11月1日からです。

●学校見学会（土曜日）

9月5日・26日 ……………………予約受付開始：8月1日

10月10日・17日・24日・31日 …予約受付開始：9月1日

11月7日・14日 ………………予約受付開始：10月1日

※集合時間は10:00です。20名～30名単位で、係の者が校内施設をご案内いたします。

※すべてのイベントでSCHOOL GUIDE2021及び募集要項を配布します。上履きは不要です。

2021年度　生徒募集

	帰国生入試	推薦（第一志望）	前　期	後　期
募集人員	男女若干名（前期定員に含む）	男女40名	男女240名	男女20名
入試日	12月1日（火）		1月21日（木）	2月3日（水）
入試科目	国語・算数・英語	国語・算数・理科・社会		
合格発表日	12月2日（水）		1月23日（土）	2月4日（木）

東邦大学付属東邦中学校

〒275-8511　習志野市泉町2-1-37

TEL 047-472-8191（代表）

FAX 047-475-1355

www.tohojh.toho-u.ac.jp

質実剛毅　協同自治
修学錬身

<2021年度入試 学校説明会（要Web予約）>

日程	時間	備考
10月11日（日）	10：00	※事情により変更になる場合があります。 ※4回のうち、お申し込みできるのは1回のみです。
10月27日（火）	10：00	
11月14日（土）	9：30	
	14：00	

明治大学付属
中野中学・高等学校

〒164-0003 東京都中野区東中野 3-3-4
TEL.03-3362-8704　https://www.meinaka.jp/

アクセス：総武線、都営地下鉄大江戸線「東中野駅」徒歩5分
東京メトロ東西線「落合駅」徒歩10分

SCHOOLトピックス！

生徒の視野を広げ積極性を引き出す
体験を重視した多彩なグローバル教育

獨協中学校

2020年度大学合格実績	
海外大学５名！	**医学部医学科39名！**
ロンドン大（イギリス）	獨協医科大
シェフィールド大（イギリス）	東京医科歯科大
	千葉大
エヴァレットコミュニティカレッジ（アメリカ）	愛知医科大
	慶應義塾大
テイラーズ大（マレーシア）	国際医療福祉大
	昭和大
モナシュ大（オーストラリア）	東京慈恵会大
	日本医科大

そのほか東京工業大、筑波大、一橋大、東京農工大、早慶上理ICU、G-MARCHなど多数合格！

School Information（男子校）

所在地　東京都文京区関口3-8-1
アクセス　地下鉄有楽町線「護国寺駅」徒歩8分、地下鉄有楽町線「江戸川橋駅」徒歩10分、地下鉄副都心線「雑司が谷駅」徒歩16分
TEL　03-3943-3651　URL　https://www.dokkyo.ed.jp/

生徒が海外の文化に触れられる機会をさまざまなかたちで用意し、海外の人とも積極的に交流できる人材を育てる獨協のグローバル教育についてご紹介します。

短期滞在で来校したギムナジウムの生徒たちと

ドイツ研修旅行での野外授業

海外との強いつながり 新たな取り組みに期待

獨逸学協会学校を前身とする獨協中学校（以下、獨協）。創立当時から国際的な視野を持ち、現在も体験を重視したグローバル教育が展開されています。中学ではまず英語に親しみ、高校では実際に海外へ行く機会を数多く用意。その一部をご紹介すると、現地の世界的な研究者とともに公園内をめぐるイエローストーンネイチャーツアー（高1・高2）、ハワイ大学の学生との交流を含めたハワイ修学旅行（高2）など、独自の内容がめだちます。

「本校では実際に体験させることを大切にしています。海外の人や自然、文化に触れる機会を多数用意することで生徒に刺激を与え、将来海外に飛びだしたいという積極性を引き出せると考えているのです。本校の生徒たちは英語でコミュニケーションをとることにあまり抵抗がなく、現地のかたともすぐに仲よくなれるのが特徴です」と坂東広明教頭先生。

英語の授業は週7時間で、イギリス人とカナダ人のALT（※1）も参加。昼休みにはALTとゲームやディベートなどを行うテーブル・トークでさらに英語力を磨けます。外部のさまざまな催しや大会に挑戦する生徒も増え、なかにはWorld Scholar's Cup（※2）の世界大会に進出する生徒も現れてきました。

また、高1からドイツ語を学べるのも獨協ならではです。例年2～3割が学び、そのなかの数人は毎年夏に行われるドイツ政府主催の短期留学にも参加しています。ドイツ語を学ぶことで、ドイツを中心としたヨーロッパへの関心が高まり、広い視野を身につけられるのでしょう。

「今後は、さらにドイツとの交流を充実させていきたいと考えています。従来のドイツ研修旅行（中3～高2）やケルン大学からの教育実習生の受け入れに加えて、昨年からは新たに、ドイツの中等教育学校（ギムナジウム）と相互に行き来する交流も始まりました」（坂東教頭先生）

英語教育の充実、ドイツとの関係を深めるプログラムの導入、海外との強いつながりを持つ獨協独自のグローバル教育に今後も注目です。

2021年度入試日程

日程	時間	試験科目	募集人数
2月1日（月）	午前	4教科	約80名
2月1日（月）	午後	2教科	約20名
2月2日（火）	午前	4教科	約70名
2月4日（木）	午前	4教科	約30名

4教科：国語・算数・社会・理科、2教科：国語・算数
※詳細は募集要項でご確認ください。

※1 Assistant Language Teacher　※2 中高生が英語を使って総合的な教養を競う大会

私立中高一貫校の適性検査型入試のねらい

ここからは「公立中高一貫校」の、おもに適性検査について考えていくページです。左ページのコンテンツ（目次）に従って進めていきます。私立中高一貫校と公立中高一貫校の併願を視野に入れているかたは、とくに最終ページまで注視すべき内容となっていますので読み進めてください。

公立中高一貫校での入試はなぜ適性検査なのか

公立の小・中学校では、入学者を選抜するための学力検査（選抜試験）は実施してはならないことになっています。これは教育の場にいながら「受験戦争と呼ばれるような事態」に子どもたちが追いこまれないように、という趣旨からです。

詳細はつぎのページ（84ページ）からです。

で森上展安氏が述べますが、そうはいうものの各校は自らの学校に見合った生徒がほしいのが本音ですから、あくまで「学力をはかるものではない適性検査」という名のもとに「わが校に適した生徒が来てくれれば、さらに力を発揮してくれる」というねらいから検査を行っています。はかっているのは学力ではなく、個々の学びの現在地だといいます。そこに小学校からの報告書と面接、作文などを加えて受検生を評価しているのです。

これには私立学校の側から「適性検査といいながら実質は学力検査になっている」との批判もあります。

さて、具体的に適性検査がどのように実施されるのかは、１０５ページからの『適性検査とはどのようなものか』の記事を参考にしていただくとして、公立中高一貫校における適性検査出題のテーマ、そして導きたい解答の特徴は、①国語、算数、社会、理科の問題が個別ではなく融合した問いでできていること、②記述式解答を求めるものが多いこと、③作文には自らの意見文も求められることなどです。

じつはこの特徴は、来年早々に行われる「大学入学共通テスト」のねらいにも符合しています。大学入試改革も新たに始まった新学習指導要領にのっとっているわけですから、そこに向けて高校の学びが変わり、中学校の学びも変わります。たまたまなのか必然なのか、公立中高一貫校が適性検査でねらいをしぼってきた「望まれる生徒」が、求められる学生像に一致していることになります。

私立中高一貫校の適性検査型入試とは

首都圏に誕生の公立中高一貫校は、来春開校の川口市立高校附属中（埼玉）で23校となります。

首都圏第1号は、東京の都立中高一貫校で、２００５年度からの白鷗高附属が初。つづいて翌２００６年度に小石川中等、桜修館中等、両国高附属の3校が開校しました。

小学校で学んだことのなかからの出題で入学者が選抜されることから、私立の中高一貫校のような進学塾での準備がいらない出題なので、という期待もあって大変な人気を集めました。そのため高い倍率となり、優秀な児童が集まるところとなったのです。開校6年後には東京大学合格者も複数でて、公立中高一貫校人気は不動のものとなります。

また、首都圏の近県に開校した公立中高一貫校も同様に高い人気を集めました。

学費の面でも公立はほぼゼロですから、私立の側は強い危機感を抱きました。

そんななか生まれたのが、公立中高一貫校の「適性検査によく似た出題」で登場した私立中高一貫校の〝適性検査型入試〟です。

適性検査によく似た出題を、公立の入試直前に「腕試し」を兼ねて受けてもらおうという算段でした。そして万一、公立中高一貫校に進めなかった場合には「わが校への入学を考えてください」というもので、公立側の攻勢を逆手にとったアイデアでした。

実際にそのようなかたちで私立に入学してくれた生徒は優秀で、学校を引っ張るリーダーになってくれる例が多かったともいいます。

２００９年度入試からいち早く導入した佼成学園女子（東京）は、この入試を当初「ＰＩＳＡ型入試」と呼んでいました。PISAとは世界的に実施される「OECD生徒の学習到達度調査」のことで、その出題が都立中高一貫校の適性検査問題に似ていたからだといいます。

佼成学園女子も当初は、いまでは当たり前の「適性検査型」という名称を使って都立の中高一貫校に模した問題を積極的にアピールしていこうとする姿勢は打ちだせなかったともとれます。

多様化し細分化する適性検査型入試

しかし、このPISA型入試を経て入学してきた初年度、2年度の生徒は学習意欲も高く、学年内でもトップクラスの成績層となっていったことから、積極的にこの入試を育てていく姿勢に変わります。そして大学進学でも彼女たちが顕著な実績をあげたのです。

そのころから私立中高一貫校で「適性検査型入試」を取り入れる学校が一気に増えていきます。競争が激しくなっていくことによって適性検査型入試も多様に、そして併願をねらいとする公立中高一貫校それぞれに似せることで細分化されていきます。

佼成学園女子もいまではPISA型とは呼んでいません。同校の「適性検査型入試」の現在は、以下3種類からの選択となっています。

①三鷹型、②立川国際・南多摩型、③共同作成問題型（富士・武蔵など）です。ねらいとする都立中高一貫校独自の問題に即した出題で、都立を第1志望とする受験生のニーズに沿った入試形態となっているのです。

それでいて、各校が用意する「適性検査型入試」の難度はロールモデル各校よりはやさしくなっています。

本番直前の腕試しで自信をなくすことがないように、との思いからの作問となっているのです。もし、公立中高一貫校の結果が思わしくなく、「あのとき腕試しに受けた学校」のことを思いだしてもらうために、適性検査型入試を導入している私立各校は、公立中高一貫校の「受検生に寄り添う姿勢」を前面に押しだしています。

さて、つぎのページから、上のコンテンツ表に従って話を進めます。最終ページでは、首都圏の公立中高一貫校の適性検査がどのような力を試しているかについて述べています。

CONTENTS

公立中高一貫校と併願して お得な私立中学校

森上 展安
森上教育研究所所長

森上教育研究所所長。1953年、岡山県生まれ。早稲田大学卒業。進学塾経営などを経て、1987年に「森上教育研究所」を設立。「受験」をキーワードに幅広く教養問題をあつかう。近著に『入りやすくてお得な学校』『中学受験図鑑』などがある。

各公立中高一貫校が実施する適性検査に似た「適性検査型入試」を行う私立中学校が年々増加しています。このページでは、「公立中高一貫校と併願してお得な私立中学校」と題して、私立中学校でそうした入試が増える理由、また、私立の適性検査型入試の「お得」なポイントについて、森上展安氏にお話しいただきました。

公立の適性検査と私立の適性検査型のちがい

公立中高一貫校は選抜試験はこれを実施せず、もっぱら適性検査と面接によって入学者を決めることになっています。つまり公立中高一貫校が実施している適性検査はあくまで「学力検査」であって入試ではない、という建前なのです。

ですから入試のような相対評価ではなく、学力の達成度をみる絶対評価のテストですから、「1点差」まで見て、何点以上は合格、何点以下は不合格、というテストではありません。合否はあくまでも内申その他のいわば合算によって行われます。

達成度評価（絶対評価）は、文字どおり「一定の水準」以上か、以下かを判定するものでどれくらい上回っているか、あるいは下回っているかは意味を持ちません。

では私立の適性検査型入試はどうでしょう。〝適性検査型〟と称しているので公立中高一貫校のそれと同じつくりか、といわれると、確かに記述式解答を求められることが多いことや、教科別でなく教科総合型形式をとること、答えがひとつとはかぎらないこと、などに特徴があり、そこについてはほぼ私立の適性検査型も同じなのですが、私立は選抜試験としての機能が求められますから、完全に公立と同じではなく解答をひとつにしているとか、教科別にやや分かれているとか、そもそも点数のバラツキがでやすいようにつくられています。

これには私立一般入試の「応用」としての側面があり、公立中高一貫校の問題よりは取り組みやすい特徴がありますし、なんといっても公立中高一貫校受検の肩ならしにはもってこい、のよさがあります。

受験生が集まる私立の適性検査型入試

現在一都三県で適性検査型入試を実施するところは91校あります。共学校が59校と多くて、女子校は26校、男子校は6校です。このうち1校で複数回適性検査型入試を行っているのは34校。2月1日午後にこの入試をする学校が約4割。一般入試の難易度では上位校、中堅校はほとんどなく、中位校が多くを占めます。

ではどのように私立中学校が適性検査入試を行っているか。地域ごとに多くの受験生を集めている学校の入試を探ってみます。

まず今春、公立中高一貫校が大量にできた茨城を見てみます。合わせて適性検査型入試を始めたのは、智学館、霞ヶ浦高校附属。

受験生が多いのは、常総学院４１２人、土浦日大２６０人・２５９人（同校の適性検査型には２種あります。以下も数字が２つ以上ある場合は２回以上適性検査型入試が実施されている学校です）、東洋大牛久43人などがあります。

来年は県立の水戸第一や土浦第一

も適性検査を始めますから、私立中の適性検査型入試実施校がさらに増える可能性があります。

埼玉は、西武文理３８３人、浦和実業２８５人・１８２人、聖望学園１６６人、細田学園35人・68人などがあります。

一方、千葉では千葉明徳２８４人、昭和学院１５８人が目につきます。

実施校が増えている神奈川で今春は鎌倉女子大中が参入しました。

横浜隼人１２２人、鶴見大附属１２６人、日大中１１０人・68人、相模女子大中83人などです。

最後に東京は大きな規模の入試がいくつもあります。

宝仙学園理数インター４２７人・２１６人・１２７人、安田学園は４８２人・２８０人・１５１人、聖徳学園２２８人・１７０人、八王子学園八王子３２５人・１２３人、郁文館１８８人・71人、開智日本橋学園１４３人、トキワ松学園１３１人、日本工業大駒場１２０人、佼成学園女子89人、白梅学園清修81人、多摩大聖ヶ丘64人、文大杉並63人、駒込１３６人・１０２人。東京での実施校はまだまだありますが50人以上をあげればこのようになります。

人気の秘密は公立一貫校の傾向に合わせられること

このように、私立共学校での適性検査型入試は、じつは大変受験者数が多い入試になります。従来の私立の一般入試に比べ文字通りケタちがいの受験者数です。

そのよい例が東京の宝仙学園理数インターで、一般入試受験者数はそれほどでもありませんが、公立一貫型入試では、共学校の受験者数を多い順に並べたときに２０１８年入試ではトップの早稲田実業に迫る受験者数です。早稲田実業が３５４＋２０４＝５５８人、宝仙学園理数インターが２６５＋２６９＝５３４人とわずか24人差の堂々の２位でした。２０１９年、２０２０年では少し順位を下げましたが、それでも上位の受験者数です。

そしてこの２年は安田学園の勢いが宝仙学園理数インターをしのいでいます。

ではどうして宝仙学園理数インターや安田学園が、これだけの受験者を集めているのでしょうか。それは私立適性検査型入試が「併願理由と直接結びついている」からです。

まず宝仙学園理数インターの適性検査型入試はいわば全天候型でかつ、副都心に近いこともあって、小石川中等教育学校などトップクラスの都立中学受験上位生が集まり、併願して価値ある入試と目されていることが大きいのです。

適性検査型入試に、私立で早く取り組んだ学校のひとつで認知度が高いということと、宝仙学園理数インターの場合は、結局は都立に行かず進学する生徒もいて、彼ら彼女らが優秀な実績を残しているということもあります。

一方、安田学園は、参入が２０１８年度入試からですが、こちらの特性は、都立の適性検査Ⅰ〜Ⅲのうち適性検査Ⅲにまで対応し、両国高附属や白鷗高附属に近い出題になっていることも見逃せません。つまりロケーションの近い都立一貫校２校の入試に傾向を似せているわけです。

じつは、受験生を多く集めつつあるタイプはこのような私立校が多くあります。

郁文館は適性Ⅰ〜Ⅲ対応で小石川を意識しているようで、実施時間も45分。

聖徳学園には、２科と３科があり、２科は三鷹、３科は武蔵を意識している、と考えられます。

白梅清修は、適性検査Ⅰ、Ⅱ対応。一応１日は武蔵、立川国際、２日は南多摩対応としていますが、武蔵はⅢまであるので注意が必要です。

佼成学園女子も早くから取り組んだグループの１校で適性検査Ⅰ、Ⅱ対応。ここは面白くて三鷹型、立川国際、南多摩型、などと受検校に合わせて選べるところが便利です。

八王子学園八王子は適性検査Ⅰ、Ⅱ対応で立川国際、南多摩に近い出題形式になっています。

武蔵野大学は適性Ⅰ、Ⅱ対応で三鷹に近い出題形式になっています。

トキワ松学園では、適性検査ⅠがＡとＢの選択制で、Ａが桜修館に近く、適性検査Ⅱは５つの問題が出題され、都立適性検査Ⅱの出題形式とは若干異なります。

このように、私立中学校の適性検査型入試は、その併願目的に合わせ近場の公立一貫校の入試傾向に沿う方向になりつつあり、千葉、神奈川、埼玉、茨城などでも今後はそのような方向に進むものと思われます。

受験生からすると大きなメリットは本番に対する慣れがいちばんにきますが、併願するもうひとつの意義は、やはり合格をひとつ持っておく、ということも大きな目的です。

たとえば、宝仙学園理数インターの合格率をみると、男女とも1・1〜1・3倍くらいです。じつは以前もいまも、あえてそのような倍率に抑えている学校が多いのです。都立より事前に受けて不合格をもらうと本番に自信をなくしますよね。あくまで目的は適性検査に慣れるということにある、という割りきった考え方になっています。

ところが、その逆の学校がでてきました。

たとえば安田学園で2020年入試男子2・89倍、女子2・51倍など大変な倍率になっています。開智日本橋学園も男子4・4、女子5・5倍などなんともすごい倍率です。

つまりこれらの入試はかならずしも都立中学の入試に慣れる、というだけではなく、その私立中学に入学したい、という受験生が多い入試だったということになります。

このように倍率でみるとその学校のスタンスが明確なので、そのなにを理由に入試を選択するか、受験生の側もよく考えて入試を受験するべきだ、ということでしょう。

共学志向である都立一貫校との併願のため圧倒的に共学校の受験生が多いのですが、じつはさきにあげた佼成学園女子然り、トキワ松学園然り、最初からやっている共立女子第二然り、女子校も少なくありません。それは公立一貫校の女子の入学のむずかしさがあげられます。ひとつは倍率もうひとつは内容です。

検査の内容はもちろん男子と同じですが、適性検査はいわゆる検査問題ですから私立の一般入試と同じようには、女子の得意な国語の得点でリードがしにくい、ということがどうしてもあります。

その点、私立女子校の適性検査型は「慣れる」ということが眼目ですから不合格はきわめて少ないです。

そして女子校の場合も入学して実力を発揮して伸びる生徒がおり、私立一般入試からの受験生に負けていない、というのです。

じつはこのことが、適性検査型入試を併願すべき最大の理由だと筆者は考えています。

公立一貫校は適性検査で、事実上の一次選抜をやっているわけですから、入学後も優位といえ、そこらの私立中学校よりよい大学実績を残しています。これには一次選抜である適性検査が大きくモノを言っている、と考えています。

適性検査型入試では劣等感が生じない

偏差値の1点刻みで入学する中位校の生徒になると妙な劣等感を持つことになり、教科の不得意感がついている場合がみられます。しかし、適性検査の場合は到達度評価ですから、1点刻みは意味を持ちません。そのような劣等感とは無縁です。

これが入学後に生きて、ハツラツとした中学生生活を送る素地になるということが大きなメリットとして働くと思います。

ましてこれからは、大学入試も1点刻みの一般入試は割合としては減少していき、国立は3割くらいは総合選抜になる予定で、学力は到達度で評価する方向に文教政策はカジを切りました。

あと来年入試で考えておかなければならないのは、コロナ対策でオンライン入試になる学校が多くなる可能性もあります。そうでなくても適性検査とオンライン入試は相性がよく、現状のままの出題でそのままオンライン入試が可能だとも考えられています。

そうなると公立一貫校受験で、私立併願がオンラインでできれば、安全から考えても大きなメリットがあります。WEB出願して自宅でのオンライン受験でよいとなれば、仮にコロナ第二、第三波のなかであっても合格をとることはできます。

そして今回の非常事態宣言中でも私立中学は学習を止めず、オンラインですばやく対応して授業をやり、楽しい夏休みもきちんと取らせる学校がかなりの数にのぼります。

一方、都立・公立中学の多くはこうした対応が不十分でした。

適性検査型入試は一見むずかしく見えますが、より学習を深めるのに向いた問いが用意されていますから、入試のための勉強になりがちな受験勉強が決してそうではなく、その後の学習に生きてきます。取り組む価値が大きいのです。

そして、適性検査型入試をやっている学校というのはその学校の価値について認識している学校ということができ、入学後もこの学習を生かそうとする学校だと評価してよいと思います。

品川翔英中学校

しながわしょうえい

品川から世界へ、未来へ、英知が飛翔する

2020年4月、男女共学の中高一貫校として新たなスタートを切った品川翔英中学校。世界を舞台に活躍できる人材を育成するための斬新な教育活動が始まっています。

柴田哲彦校長

個々の特性を伸ばす教育

東京都品川区西大井の交通至便の地にある品川翔英中学校（以下、品川翔英）。男子24名、女子21名の新中学1年生を迎え、新たな学園の歴史が始まっています。

「ミネルバ大学のような学びをめざしたい」と語るのは、2020年4月より校長に就任し学校改革を主導する柴田哲彦先生。「好きこそものの上手なれ、というように好きなものに向かって進む爆発的な力ははかりしれません。本校では、教科学習だけにとどまらず、生徒が将来の目標を見つけ、それぞれの特性をいかした進路選択ができるように、さまざまなサポートを行います。そして世の中に貢献できる人間になってほしいと思います」と話されます。

柴田校長がまず導入したのが、水曜日の5・6時間目と土曜日に行う、週6時間のLearner's Timeです。この時間は、教科学習はせず、PBL（問題解決型学習）、グローバル教育、社会貢献、自律学習などの、体験型・探究型の学びの時間とし、社会にでてからも主体的に学びつづけることができる力を身につけていきます。

ICT教育とルーブリック評価で生徒の特性を伸ばす

ICT教育を進める品川翔英では、ひとり1台のタブレットを持ち、学習アプリによる課題やオンライン英会話など、個別最適化学習による効率よい学習が進められています。

「将来的には、学校での授業だけでなく、オンライン授業を取り入れ、生徒それぞれの特性に合った授業選択が行えるようにしていきたいと考えています」と柴田校長。

また、すべての教育活動にルーブリック評価表を取り入れ、テストなどではかることができる見える学力だけでなく、意欲・関心・主体性・コミュニケーション力・表現力・思考力などの見えにくい非認知能力の育成をめざした主体的で対話的な学びを行っています。タブレットの利用で、ルーブリック評価の結果を早く知ることができ、つぎのステップへ早く進むことが可能になります。

「自主・創造・貢献」を新しい校訓とし、品川から世界へ、未来へ、英知が飛翔する品川翔英。新校舎の建設予定もあるようで、いま注目されている学校のひとつです。

森上's eye!

校名変更と男女共学化 本気の学校改革を期待

校訓、教育目標、授業、行事等すべてを一新。既存のイメージを払拭し、新しい学校をつくるという強い意気込みが感じられます。

数々の私立中高で学校改革を進められた柴田校長が、品川翔英をどのような学校にしていくのか、その手腕が注目される1年となりそうです。

School Data

品川翔英中学校〈共学校〉

所在地 東京都品川区西大井1-6-13
TEL 03-3774-1151
URL http://shinagawa-shouei.ac.jp/juniorhighschool/
アクセス JR横須賀線・湘南新宿ライン「西大井」徒歩6分、JR京浜東北線・東急大井町線「大井町」徒歩12分

学校説明会
9月9日(水)10:00～12:00
10月17日(土)10:00～11:30
11月28日(土)10:00～12:00
12月26日(土)10:00～11:30
1月5日(火)10:00～11:30
1月9日(土)10:00～12:00

文化祭
10月3日(土)・4日(日)

入試体験
12月20日(日)15:00～17:00

日程は変更になる場合があります。
事前にHPでご確認ください。

佼成学園女子中学校

（こうせいがくえんじょし）

世界基準の女子リーダーを育成

「国際社会で平和構築に貢献できる人材の育成」を設立理念とする佼成学園女子中学校。宗教の枠を超えて、子どもたちが手を取りあって協働していくことのできる世界を念頭におき、教育活動を行っています。

「英語の佼成」の実力 過去最高の大学合格実績！

自ら学び、考え、行動する力を育成する21世紀型教育を強く推進する佼成学園女子中学校（以下、佼成女子）。その教育活動の原動力になっているのが「英語の佼成」と言われる高い英語力です。

■難関大学合格実績

	2017	2018	2019
国公立大	14	18	23
早慶上智 ICU	23	25	32
GMARCH	63	48	50
三大女子大※	39	22	37

※津田塾大、東京女子大、日本女子大

２０２０年度大学入試では、その高い英語力で、国公立大学23名、早慶上智32名の過去最高の合格者をだしています。そのなかでも特筆すべき点は、新しいかたちの高大連携を進める上智大学に、20名の合格者をだしたことです。昨年11月に佼成女子で行われた上智大学曄道佳明学長の講演とワークショップに触発された多くの生徒が受験した結果が、今回の合格実績に表れたようです。

この難関大学合格者増の背景にあるのが、佼成学園（男子校）と共同で実施しているトップレベル講習です。難関国公立大学をめざす男女それぞれ15名を選抜し、チーム一丸となってお互いを励ましあいながら受験にのぞみます。今年はお茶の水女子大学、過去には大阪大学や東京外国語大学などに合格しており、東京大学をめざす生徒も少なからずいるようです。また、夜8時30分まで利用できる講習室では、大手予備校の講師が行う大学受験講座を受講できるので、校内予備校として多くの生徒が利用しています。講習室には難関大学へ進学したあこがれの先輩たちがチューターとして毎日常駐して受験指導にあたってくれるので、生徒は高いモチベーションを持ったまま受験にのぞむことができます。

特色ある英語教育 イマージョン教育と英検

佼成女子の英語は、少人数による３段階の習熟度別授業が行われています。中1では、帰国生の取り出し授業などはせず、英語経験者（英検３級以上取得者）1クラスと未経験者2クラスに分かれて、それぞれに英検取得目標級を設定したレベル別授業を行います。20年以上つづくイマージョン教育も佼成女子の魅力のひとつです。美術と音楽をネイティブによる英語イマージョンで行うことで、佼成女子がめざすＳＴＥＡＭ教育の根幹が形成されていきます。そして、中３の1月にこれまで学んだ英語の集大成としてニュージーランド修学旅行（6泊7日）を実施しています。希望者はそのままニュージーランドで2カ月間の中期留学に参加することもできます。

また、全校をあげて実施する「英検まつり」では、持続性・協調性といった女子校ならではの特性をいかした学習方法で、クラス単位で英検にチャレンジしています。２０１９年度の中1から高3の結果は、1級４名、準1級31名で、そのうち1級の４名と準1級の11名は中学からの入学者です。２０１７年度には全国の私立学校1校のみに贈られる英検「ブリティッシュカウンシル賞」を受賞するなど、全国でもトップクラスの英語実力校です。

ネイティブの授業

高校からは3つのコースから選択が可能

高校課程はつぎの3つのコースから選択することができます。

【国際コース】

『留学クラス』…ニュージーランドの高校に全員が1年間留学するクラス。留学準備プログラムも万全で留学中は現地駐在スタッフが生徒の日々のサポートをします。親元を離れてのホームステイで、圧倒的な英語力と人間力が養われます。

『スーパーグローバルクラス』…課題研究をつうじて主体的な研究力・

課題解決力を養います。カリキュラムは特進コースと同じで国公立大学受験にも対応しています。2年次のタイフィールドワーク、3年次の英国ロンドン研修を柱に、世界で生きぬくための「国際感覚」を養います。

【特進コース】

ハイレベルな授業で難関私立大学・国公立大学への合格をめざすコースです。放課後講習（校内予備校）を有効に活用し、理系志望者は1年次から数学と理科の特設授業を受講することができます。

【進学コース】

勉強だけでなく部活動にも全力で取り組みたい生徒のためのコースです。豊富な指定校推薦とAO入試で、毎年多くの生徒が希望の大学へ進学しています。ハンドボール部・バスケットボール部・吹奏楽部が強化部活動に指定されています。

21世紀型教育を強く推進するための教育改革

佼成女子では、2020年度よりいくつかの教育改革に取り組んでいます。その代表的な取り組みが、宗教の枠を超えた上智大学との提携、ロケーションをいかした成城大学との提携です。上智大学とは、表面的な提携だけでなく、入学前の単位認定や研究の継続など、真の高大連携をめざします。成城大学とはロケーションをいかした施設・講義の共同、学生・生徒同士の学びの共有などを行っていく予定です。

学内の改革としては、中間試験を廃止し、新たな評価システムを取り入れます。中学ではチーム担任制を導入し、3人の教員が2クラス全員を見守ります。今回の新型コロナウイルスによる休校期間中も教員が協働し、先端と従来のデバイスの併用で、ていねいかつ細やかなホームルームを行い、対面時に近い個人面談やクラス運営ができたようです。さらに探究学習の推進、地域とコラボした新しい部活動の推進、オンライン授業の推進など、佼成女子が強く推進する21世紀型教育を実践するための改革を進めていきます。

2021年度入試も3種類の適性検査型から選択が可能

2021年度の適性検査型入試は、2月1日（月）午前・午後、2日（火）午前、4日（木）午後に実施する予定です。2月1日は、午前・午後ともに、昨年度と同様、適性検査Ⅰ・Ⅱ（各45分、各100点）で、三鷹型、立川国際・南多摩型、共同作成型の3種類からの選択とし、2日・4日は共同作成型のみとする予定です。また、適性検査型入試以外にも2科・4科入試、英語（インタビュー形式）入試、グローバル入試など多彩な入試を行う予定で、6年間の授業料免除など、充実した特待制度も用意されています。

「今年度からの改革では、教職員のマインド変化により、学校のなかで想定外のいいかたちの変化が起こっています。今回の改革が新たな変化と大きな流れをつくり、これからもつづくと考えています。2022年度には京王線の連続立体交差事業を機に、千歳烏山駅周辺の地域開発が始まります。本校でもこの地域開発でなにが果たせるのかを真剣に考えていきたいと思います」（宍戸校長）

中3・ニュージーランド修学旅行

ロンドン大学での研修

森上's eye!

新しいかたちの高大連携で21世紀型教育を推進

設立理念の近い上智大学との教育提携は、宗教の垣根を超えた新しい教育活動の始まりといえます。また、ロケーションをいかした成城大学との提携は、高大連携を推進する高等教育によい影響を与えそうです。

スーパーグローバルハイスクールに指定されて以来、着実にレベルの高い教育改革を行っています。

School Data

佼成学園女子中学校〈女子校〉

所在地 東京都世田谷区給田2-1-1
アクセス 京王線「千歳烏山」徒歩5分、小田急線「千歳船橋」バス15分、「成城学園前」バスにて「千歳烏山駅」まで20分
TEL 03-3300-2351
URL https://www.girls.kosei.ac.jp/

Kosei Girl's Forum（SGクラス研究発表会）
9/19(土)

学校説明会
9/19(土)・11/14(土)・12/5(土)・1/16(土)

乙女祭（文化祭）
10/24(土)・10/25(日)

適性検査型入試問題説明会＆プレテスト
11/14(土)・12/5(土)・1/9(土)

昼のミニ説明会（保護者対象）
9/30(水)・10/12(月)・11/5(木)

夜の入試個別相談会
11/11(水)・11/18(水)・11/25(水)

修徳中学校

しゅうとく

君の熱意をかならず未来につなげます

創立以来、建学の精神をベースに徳育・知育・体育のバランスのとれた三位一体教育を実践する修徳中学校。独自のプログレス学習システムで自ら学び、考え、行動する力を養います。

充実した施設のなかで勉強とスポーツに親しむ

JR常磐線・東京メトロ千代田線「亀有駅」から徒歩12分。亀有さくら並木通り沿いの静かな住宅街の一角に修徳中学校（以下、修徳）はあります。

校舎は2011年に建てられた5階建ての近代的建築で、2階中央部には採光性にすぐれた中庭があり、校舎全体が開放的なつくりとなっています。ホームルーム教室は教壇の段差がないフラット仕様で、最新の実験機器を完備した物理・生物・化学の3つの専門ラボが並ぶサイエンス・ストリートや生徒ひとり1台のPCルーム、機能的な図書室など充実した学習環境が整っています。

スポーツがさかんな修徳ならではの施設も充実しています。校舎と隣接する2階建ての体育館には、都内の私立中学校でも屈指の広さと設備を誇るアリーナ、柔道場、剣道場が設けられており、メイングラウンドは表面温度の上昇を抑えるクール人工芝を使用した本格的サッカーグラウンドで、周辺にミストシャワーを設置するなど熱中症対策も万全です。

クール人工芝グラウンド

自ら学ぶ姿勢を習慣づけるプログレス学習

修徳のプログレス学習とは、21世紀型教育に必要とされる「自ら学ぶ姿勢」を習慣づけるための独自の学習システムのことです。

たとえば、毎朝ホームルーム前に行う朝プログレスは、15分間の「NHKラジオ基礎英語」と5分間の英単語テストで構成されており、土曜日は、月曜日から金曜日の総まとめ英単語テストを実施します。毎朝繰り返し学習することで生徒のリスニング力を高め、英語学習の向上に必須の語彙力向上をめざします。

朝プログレスの英単語テストで7割以上の点数が取れない生徒には放課後に再テストがあるので、毎朝みんな真剣に取り組みます。また放課後には全生徒を対象とした60分以上の自主・自律学習が校舎隣接の「プログレス学習センター」で義務づけられています。これを放課後プログレスと呼んでいますが、部活動前はもちろん、部活動後にも多くの生徒がプログレス学習センターで自習する姿がみられます。

プログレス学習センター

この取り組み以外にも、中学入学前に修徳独自のテキストで国語・数学・英語を学ぶスタートプログレスや家庭学習教材として全生徒に配布されるサマー／ウィンター／スプリングプログレスなど、自立した学習習慣を確立するためにさまざまな取り組みがプログレス学習として行われています。

大学受験専用棟「プログレス学習センター」

修徳が誇る学習施設が、校舎に隣接する3階建てのプログレス学習センターです。2014年に大学受験専用学習棟として建設され、中1から高3まで自学自習の拠点として幅広く活用されています。

プログレス学習センターの1階には、80席の独立した自習空間があるプログレスホールやインターネット上で講義を視聴できるVOD学習のためのコンピュータールーム、生徒の学習相談や進路指導を行うカンファレンスルームなどがあります。

2階は仲間とともに学びあうスペースで、壁面の色が集中力を高めるブルー、理解力を高めるイエロー、リフレッシュ効果のあるグリーンの3つの講習室があり、中学の放課後プログレスや高校生向けのハイレベル講習が行われています。

3階は第1志望を勝ち取るための

個別学習ゾーンです。大手予備校講師とチューターを配置し、1対1の完全個別指導を受けることができます。また、グループ学習のためのコモンルームや気分転換ができるカフェラウンジもあり、生徒それぞれの目的に合わせて利用することができます。

「1階から3階の施設全体で約350席の自習席があります。ふだんは毎日200人ぐらいが利用していますが、定期試験前になるとすぐに満席になります。IDカードで全生徒の入退室を管理していますので、大学受験を控えた高3生には優先的に席が割り振られます。土曜日も夜9時まで利用可能で、学習をサポートするチューターが常駐していますので、気軽に質問や相談をすることができます」（小笠原健晴教頭）

English Camp

英検に親しみ、英語を楽しむ イングリッシュレビューJr

修徳では、今後、グローバル社会で活躍するために必要とされる英語力の向上にも力を入れています。毎日の朝プログレスと放課後プログレスをベースに、体験型の英語学習プログラムも取り入れています。そのひとつが、「English Camp」です。新入生のオリエンテーションを兼ねた、ネイティブとともに過ごす2泊3日の宿泊研修で、初めて聴く生きた英語にとまどいながらも仲間と協力することで楽しく英語と触れあうことができます。

「東京グローバルゲートウェイ（TGG）」の利用も始まっています。中学は学年ごとに年1回、高校は年2回の利用を予定しています。昨年利用した高1生の場合、英語力が同レベルの生徒9人のグループにひとりのネイティブスタッフが帯同し、そのグループに合わせたさまざまなアクティビティーに取り組みます。施設内はオールイングリッシュでスタッフは全員ネイティブなので、緊張感のある学習ができたようです。

また、「英検まつり」と呼ばれる英検対策講座を実施するなど、以前から学校全体で英検に力を入れており、中学・高校とも年3回の英検受験を必修化しています。さらにネイティブ教員と日本人教員によるチームティーチングを行うなど、英語力の向上に取り組んでいます。

2021年度入試概要

2021年度入試は、2月1日（月）午前・午後、2日（火）午前・午後、3日（水）午前・午後、4日（木）午後の入試予定です。試験科目は各入試で異なりますが、算・国2科目型、算・国・英から1科目選択型、公立中高一貫入試対応型の3種類から選択することができます。

「英語は英検5級程度を目安として出題します。公立中高一貫校入試対応型では、指定した題材について作文を書いてもらいます。作文の文字数や採点基準については入試説明会でご説明する予定ですので、ぜひご参加ください」（小笠原教頭）

生徒の熱意を真剣に受け止め、大学受験も部活動も全力でサポートする修徳。生徒の未来をともに創造していく学校です。

チームティーチング

森上's eye!

イングリッシュレビューJrと英検まつりで基礎を固める

中1から徹底した英語基礎力の定着をはかるイングリッシュレビューJrは、大変効果的な学習方法です。英検まつりや体験型プログラムなど、英語学習のモチベーションを高める取り組みは少しずつ効果が表れるはずです。生徒の未来を真剣に考えた教育改革を進める修徳中学校に期待したいと思います。

School Data　修徳中学校〈共学校〉

所在地 東京都葛飾区青戸8-10-1　アクセス 地下鉄千代田線・JR常磐線「亀有」徒歩12分、京成線「青砥」徒歩17分
TEL 03-3601-0116
URL http://www.shutoku.ac.jp/

学校説明会　予約不要
10月10日(土)14:00～
10月24日(土)14:00～
11月 7 日(土)14:00～
12月12日(土)14:00～
1 月 9 日(土)14:00～
1 月16日(土)14:00～
会場：SHUTOKUホール

修徳祭（文化祭）
11月 3 日(火・祝)10:30～14:00

オンライン入試個別説明会（Web予約）
随時受け付けています。
実施時間は30～60分。
詳細はホームページをご覧ください。

藤村女子中学校

新しい時代に一歩ふみだせ！

次世代を担う人材の育成を教育の根幹におく藤村女子中学校。多様な教育活動をつうじて建学の精神「知・徳・体」に基づく人間教育と女性としての未来の確立を応援します。

「新たな学校教育」に向かって

吉祥寺の自然とその街で働く人びとに寄り添い、ともに成長をつづける藤村女子中学校・高等学校（以下、藤村女子）。校長の柳舘伸先生に新型コロナウイルスの影響で大きく変わった教育内容についてうかがいました。

「新型コロナウイルス感染症の影響により、日本だけでなく世界中でいままでの生活様式を変えなくてはいけなくなっています。

柳舘伸校長

藤村女子でも3月から休校となり、いままでのように4月から新年度をスタートすることはできませんでした。しかし、生徒の学びを止めないために教員による授業動画の配信やオンラインによる双方向授業などで、継続的な学習を行いました。

また、さまざまな学習方法に注目が集まりました。確かに、現代社会では授業を受ける方法はたくさんあります。しかし、学校は授業を受けるだけの場所ではありません。そこで、今回の状況を受けて、かねてからの構想であった『新たな学校教育』をよりいっそう推進していくことにしました」と柳舘校長は語ります。

吉祥寺フィールドワーク

「藤村女子では、いままでのような一方通行の知識を教える授業だけではなく、吉祥寺の商店街を学びの場としたフィールドワークに力を入れています。

中学校では東京吉祥寺ライオンズクラブや街のかたがたと協力して井の頭恩賜公園の自然観察を毎年行っています。食物連鎖や自然生態系についての事前学習では、通常の授業では学ぶことのない内容まで一人ひとりが深く探究します。この活動以外にもたくさんのフィールドワークを行うことでさまざまな分野のかたがたに協力していただき、多くの発見をさせていただいています。

高校生のフィールドワークは〝吉祥寺に貢献する〟を合言葉にひとつのカリキュラムがつくられています。この街を訪れるかたがたに向けて、吉祥寺の魅力を紹介するフリーペーパーをつくったり、15秒の動画にまとめて吉祥寺を紹介するCMを制作したりと、自分たちが育った地元に貢献するプログラムがたくさんあります。昨年から、東京武蔵野シティFCとのコラボレーション企画も立ち上げています。チーム応援グッズの企画販売やホームゲームでのボランティア活動など、新しい企画も進んでいます。

また、来年度の入学生からiPadを使用した学びを進めるなどICTの整備を強化しています。さらに修学旅行先の選択やゼミ選択など、生徒自らが学びの選択をできるようにしています。それは、自分自身の興味関心や目標に合った学習をしてもらいたいからです」と、入試委員長の芦澤歩夢先生は話されます。

カフェテリアでくつろぐ生徒たち

藤村女子では、学習の定着はもちろんしっかりと行います。それに加えて、藤村女子だから体験、経験できる教育プログラムを用意しています。多くの仲間と大切な時間を共有して自立した女性になってもらいたい、という学校の思いが表れています。

一人ひとりが自由に学ぶ「チャレンジデー」

藤村女子が掲げる目標のひとつでもある「自立した女性の育成」をめざして、今年度から新たに「チャレンジデー」を導入しました。

チャレンジデーは、授業や部活動のない日を月に1回程度平日に設定しています。藤村女子の生徒にかぎらず、日本全国の中高生は日々文武両道をめざして、とても忙しい学校生活を送っています。藤村女子では、学校生活の忙しさが理由で生徒自身が自由に学び、体験・経験する時間が失われているのではと危惧し、チャレンジデーを導入しました。

チャレンジデーの過ごし方は、学校からの指示などはいっさいありません。むしろ、生徒自身にどのように時間を使うかを考えてほしいと、藤村女子は考えています。これこそが「新たな自分の発見」になります。

チャレンジデーをとおして、見つける力・行動する力・発信する力の「未来を切り拓く力」を身につけ、自立した女性へと成長してくれることを、藤村女子は願っています。

本物に触れる教育

現在、世界で活躍している専門家を招いて行われているキャリア教育講演会も藤村女子の特色ある行事のひとつです。

「人工知能の発展と人間の役割」の講演会

「2カ月に1回ぐらいの割合で、この講演会を行っています。JAXAH2ロケットプロジェクトチームの白石紀子さんと日本紛争予防センター理事長の瀬谷ルミ子さんを招いた講演会が、とくに生徒たちに好評でした。瀬谷さんのお話に感銘を受けて、自分も紛争地の子どもたちの教育に携わりたいと早稲田大学に進学した生徒がいます。現在、その生徒が大学で所属しているボランティア部と連携して、カンボジアの子どもたちへの支援活動を本校でも始めています。生徒たちにとって、このキャリア講演会は、『自分にはなにができるのか』『自分はどう生きていきたいか』を真剣に考えるいい機会になっているようです」と柳舘校長。

そして高校では、将来の目標や進路先を明確にするためのさまざまな進路サポートが用意されています。自己理解や職業研究、大学キャンパスツアーや現役女子大生によるキャンパス紹介など、一人ひとりの夢を実現するためのさまざまな教育体制が整っています。

選択できる適性検査入試と、新たな「ナゾ解き入試」

藤村女子の2021年度入試は、2月1日（月）と2月11日（木・祝）午前に適性検査入試を実施します。1日は適性検査Ⅰ・Ⅱ（45分）または適性検査Ⅰ・Ⅱ・Ⅲ（45分）のいずれかを選択できるため、どの都立一貫校を第1志望とする生徒にも対応した検査問題です。また受験料は適性検査入試のみを受験する場合は1回6000円で、入試の成績に応じた奨学金制度やスライド合格の判定制度などもあり、複数の学校を受験する生徒には優しい入試になっています。

学習センターでの自習のようす

今年度から新たに「ナゾ解き入試」を導入しました。入試当日は、グループでナゾ解きにチャレンジします。ナゾが解けたかどうかではなく、取り組みのなかでのコミュニケーション力や発想力、行動力などをみるため、どのように取り組んだかが大切になる入試です。そのため、楽しんで取り組める入試となっています。

一つひとつていねいに生徒に寄り添った教育を行う藤村女子。今後が楽しみな学校のひとつです。

森上's eye!

ニュージーランド留学と吉祥寺フィールドワーク

2020年1月から3カ月間のニュージーランド留学がスタートし、英語教育を得意とする藤村女子の新たな企画に期待がふくらみます。また、吉祥寺の街で繰り広げられるフィールドワークは、藤村女子ならではの取り組みです。地域密着型のアクティブラーニングとして、今後も積極的に取り組んでほしい企画です。

School Data

藤村女子中学校〈女子校〉

所在地 東京都武蔵野市吉祥寺本町2-16-3
TEL 0422-22-1266
URL https://www.fujimura.ac.jp/
アクセス JR中央線・京王井の頭線・地下鉄東西線「吉祥寺」徒歩5分

学校説明会
10月17日(土)
11月14日(土)
11月28日(土)

個別相談会
1月9日(土)

中学体験会
9月26日(土)

※文化祭の日時や学校説明会等の開催時間は、決まり次第、HP等でお知らせします。

安田学園中学校（やすだがくえん）

「探究」が実を結んだ大学合格実績

今春、共学1期生が卒業した安田学園中学校・高等学校。自ら考え学ぶ授業と探究プログラムで身につけた論理的・批判的思考力で難関大学の合格実績が伸長しています。

東京大学に現役2名合格 千葉大学には高2が飛び入学

2020年度大学入試で、東京大学に2名の合格者をだした安田学園中学校・高等学校（以下、安田学園）。現在のコース概要や今後の目標など、4月に校長に就任された稲村隆雄先生にうかがいました。

「2020年度の大学入試では東京大学に複数の合格者をだすという目標でしたので、2名が合格して、少しほっとしています。さらに千葉大学の先進科学プログラム（飛び入学）入試で、高2の生徒が理学部生物学科に合格しましたので、共学化以来、私たちが進めてきた自ら考え学ぶ授業の成果が、少しずつ表れてきたのかと思います。

中学は、6年前に先進コース2クラス、総合コース4クラスでスタートしましたが、今年の中1から先進コース4クラス、総合コース2クラスになりました。ある模試の入学者偏差値を見てみると、6年前に52だった先進コースが62となり、42だった総合コースは52になっています。入学する生徒のレベルがかなり高くなっていますので、授業の質やプログラムの内容など、いろいろな面を見直しています。将来的には、中学はすべて先進コースとして、さらに高い教育を行っていきたいと考えています。

今後の大学進学目標は、現在約2割の国公立大学進学者の割合を5割にすることです。そのために、今後は中高6年間をつうじて全教科をまんべんなく学ぶリベラルアーツ型の学校にしていかなければいけないと考えています。ただし、大学はあくまで通過点ですから、自分のやりたいことをはやく見つけて、そのさきのキャリアへと進んでいってほしいと思います。本校では、独自の探究プログラムやキャリア教育などを推進し、生徒の将来を応援しています」

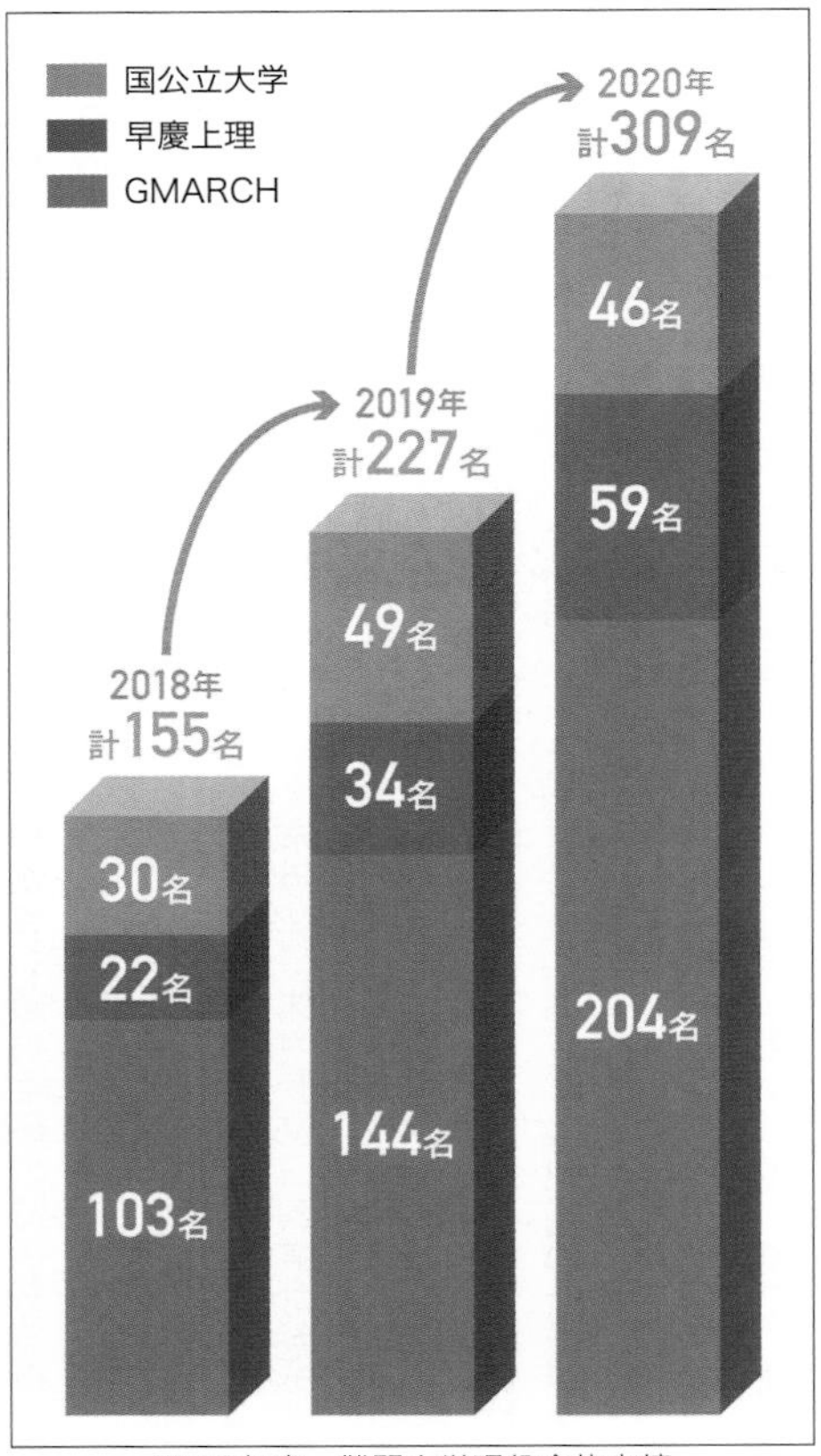

	2018年 計155名	2019年 計227名	2020年 計309名
国公立大学	30名	49名	46名
早慶上理	22名	34名	59名
GMARCH	103名	144名	204名

2020年度　難関大学現役合格実績

探究プログラム

安田学園が推進する探究プログラムは、中学は週1時間、高校は週2時間の探究の授業として行われています。「疑問・課題⇒仮説の設定⇒検証（調査・観察・実験）⇒新しい仮説や疑問⇒……」という活動を繰り返し、根拠を持って探究することで、論理的・批判的な思考力を育成していきます。

中学では野外探究や先端科学探究をグループ単位で行い、探究のやり方をイチから学びます。その後、高校から個人単位でテーマを決めて、本格的な探究に入ります。そして、この探究の最終目標は、自分の研究をオックスフォード大学・ハートフォードカレッジの教授や大学生にプレゼンテーションし、研究についてディスカッションすることです。高2の夏に1週間の日程でイギリスに渡り、オックスフォード大学の教授から指導を受けながら、研究内容を英語の論文にまとめあげます。

「今年、東京大学に合格した2名も卒業生インタビューのなかで、いちばん楽しく、思い出に残る授業として探究の授業をあげています。千葉大学に飛び入学した生徒も、探究の授業で『マルハナバチ』の研究をつづけていました。この探究の授業そ

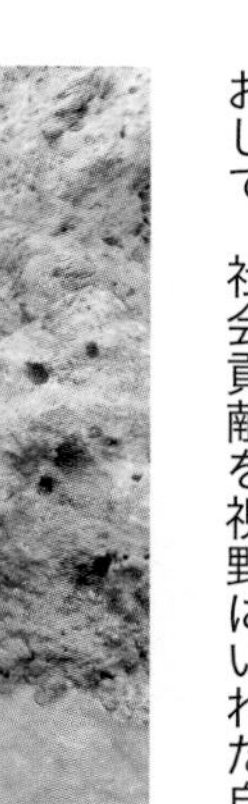

のものが自ら考え学ぶことであって、大学受験、そしてその後の生徒のキャリアの向上にもいかせる力となるはずです。今後は、いま以上に生徒の自主性を重んじた探究の授業にしようと考えています」（稲村校長）

進路指導から進路支援へ 進化するキャリア教育

安田学園では、「なりたい自分を見つけて、なれる自分に高めよう」を合言葉に、さまざまな体験型キャリアプログラムを行っています。中学では、「なりたい自分」を見つけるために、墨田区周辺の企業訪問や先端技術を持つ企業などの講演を聞くことで社会とのかかわりを考えていきます。また、ボランティアのかたがたとの交流、JICA訪問などをとおして、社会貢献を視野にいれた自分の将来像を明確にしていきます。

そして高校では「なれる自分に高める」ために、大学の学部学科研究や卒業生の体験談などを聞いて第一志望の大学を決め、最適な勉強法を自ら考えて実践していきます。

「本校は芙蓉グループとの結びつきが強いので、多くの企業に企業訪問や講演などでご協力いただいています。そこで生徒たちは職業観や人生観を学びます。自分の知らない世界を知ることができるので、とても新鮮な気持ちになるようです。最近は進路指導ではなく進路支援として、その生徒がどんな将来を考えているのか、それを実現するためにはどういった進路に進めばいいのかを一人ひとりに細かく対応していきます」（稲村校長）

2021年度入試概要など

2020年度入試では、のべ618名が安田学園の公立一貫校型入試を受験し、今年も大変人気の入試になりました。この公立一貫校型入試で合格し、入学する生徒の割合が多いのも安田学園の特徴といえます。

2021年度の公立一貫校型入試日程は、2月1日（月）午前、2月2日（火）午前、2月4日（木）午前の3回で、試験内容は適性検査Ⅰ・Ⅱ・Ⅲ（Ⅰ・Ⅱは各100点・各45分、Ⅲは100点・30分）で、日程・試験内容とも2020年度入試と変更はありません。

公立一貫校型入試は、2021年度入試も先進特待入試として実施されますので、成績上位者には6年間授業料全額免除などの特待制度が用意されています。また、先進コースの一般合格以外に、総合コースへのスライド合格もあるため、受験生にやさしい入試になっています。

「本校は、勉強だけでなく、卓球やバレー、チアリーダーなど、部活動も大変さかんです。とくに女子は、文化部と運動部を兼部する生徒が多く、中学の入部率は100％を超えています。共学当初は男子が圧倒的に多かったのですが、いまの中1・中2の男女比はほぼ半々です。生徒たちも自ら進んで学びができるようになってきましたので、生徒の自主性を大事にしていきたいと思います」（稲村校長）

森上's eye!

確実な大学進学実績の伸長 つぎのステージが期待される

東京大学2名合格もすばらしいですが、千葉大学への飛び入学は安田学園始まって以来の快挙ではないでしょうか。他校が苦しむなか、早慶・GMARCH合格者が増えている点も注目されます。共学化以来推進してきた探究と安田学園が持つ芙蓉グループの強さが、よい相乗効果として表れ始めているようです。

School Data

安田学園中学校〈共学校〉

所在地 東京都墨田区横網2-2-25
アクセス JR総武線「両国」徒歩6分、都営大江戸線「両国」徒歩3分、都営浅草線「蔵前」徒歩10分
TEL 0120-501-528（入試広報室直通）
URL https://www.yasuda.ed.jp/

学校説明会　要予約

9月18日(金)18:30　※ナイト説明会
9月26日(土)14:30　※詳細はHPで確認
10月17日(土)14:30　※詳細はHPで確認
10月31日(土)14:30　※詳細はHPで確認
11月15日(日)9:30　★入試体験
12月5日(土)14:30　※入試の傾向と対策を解説
1月9日(土)14:30　※入試の傾向と対策を解説
2月27日(土)14:30　※小学5年生以下対象
※約1か月前より予約受付を開始します。
詳細はホームページをご覧ください。

共立女子第二中学校

（きょうりつじょしだいにちゅうがっこう）

多様な生徒を温かく迎える抜群の教育環境

共立女子第二中学校高等学校では学校活性化のためにさまざまなタイプの受験生を求めており、早くから適性検査型入試を実施してきました。多様な価値観を持つ生徒たちが伸びのびと成長していける、絶好の環境がここにはあります。

豊かな自然と充実した施設

共立女子第二中学校高等学校（以下、共立女子第二）は、誠実・勤勉・友愛という校訓のもと、高い知性・教養と技能を備え、品位高く人間性豊かな女性の育成に取り組んでいます。豊かな自然に恵まれたキャンパスは桜やバラなどの花で色鮮やかに演出され、伸びのびとした教育が展開されています。広大な校地には、総合グラウンド、9面テニスコート、ゴルフ練習場、約1500名収納可能な大講堂などの充実した施設が設けられており、多くのクラブがその施設で活発に活動しています。

キャンパスは八王子市の郊外に立地していますが、無料のスクールバスが運行されています。路線バスとは異なり、すべて学校のスケジュールに沿ったダイヤが組まれているので大変便利です。災害などの緊急時にもすぐに対応できるメリットもあります。

生徒一人ひとりに合った教育を実践

多様化する生徒たちの志望を実現させるため、中学3年、高校1年にAPクラス（Advanced Placement Class）が導入され、深化・発展した授業が行われています。高校2・3年でも、進学志望を念頭においた5つのコースが設置され、生徒一人ひとりに合ったきめ細やかな指導を実現させています。大学受験力の強化を目的としていますが、自由度が高く、芸術系などの受験にも対応しています。

また、中高一貫教育の先取り学習を中心とした新しいカリキュラムが設けられています。中学1・2年で学習の基礎を徹底し、主要3教科（国語・英語・数学）については中学3年でカリキュラムの一部に先行学習を導入し、授業内容の深化・発展をはかります。ただし生徒が内容を未消化のままでは効果は望めないため、この3教科の単位を増やし、無理なく基礎学力を身につけられるようにしています。

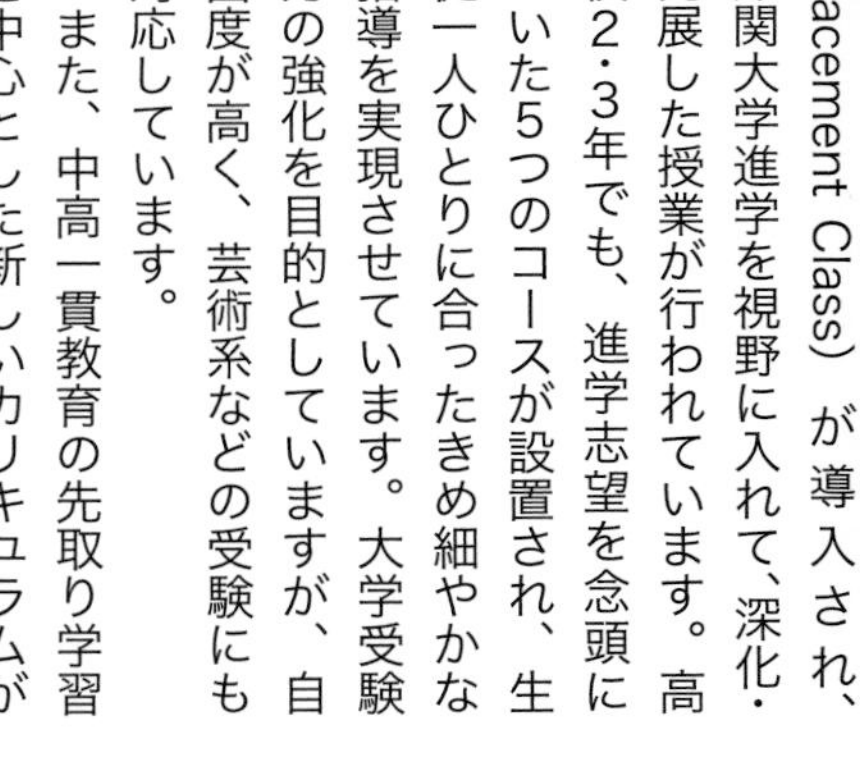

特色ある英語教育

共立女子第二の英語の授業は特色があり、「レイヤードメソッド」と名づけられたオリジナルの指導法による4技能統合型授業を行っています。さまざまな音読トレーニングを反復して行うことで重層的に「英語のコア」をつくり上げていきます。家庭学習においては、オンライン英会話レッスンを全員が受講、話す力を磨いています。

また教科書を利用してドラマをつくり上げていくドラマメソッド集中講座から、ブリティッシュヒルズにおける英語研修、高校においてはニュージーランド夏期ホームステイ研修やターム留学などさまざまな研修プログラムが導入されており、英語を体験する機会にあふれています。

堅実な進学実績

共立女子第二では、大学および短期大学への進学希望者がほぼ100％に達し、そのほとんどが進学しています。進学先としては、ここ数年、外部大学への進学と共立女子大学・短期大学への進学はほぼ同じ比率になっています。看護学部やビジネス学部などが新設されたことや、神田一ツ橋に校舎・組織を集中したこと

もあり、共立女子大学・短期大学の人気には根強いものがあります。

一方、共立関連大学に推薦で合格しながら、さらに外部の大学を受験できる併願型特別推薦制度を設けるなど、安心して難度の高い大学にチャレンジできる環境を整えています。2020年度の卒業生も、国公立大学や難関私立大学など、堅調に実績を残しています。一方、女子大学の人気上昇の流れを受けて、ここ数年、共立女子大学を第1志望とする生徒も増えてきています。

適性検査型入試

共立女子第二では多様な個性を持つ子どもたちの受験を期待し、さまざまな形式の入試を導入しています。そのひとつが公立中高一貫校との併願を可能とする適性検査型入試です。

共立女子第二では2010年度入試より適性検査型入試を実施しているので、来年度（2021年度）入試で早くも12回目を数えることになります。この積み重ねた実績が信頼を築き、とくに八王子多摩地区の多くの受験生を集めています。

また、入試の合計得点率（適性検査Ⅰ・Ⅱの合計点に対して何点得点したか）により奨学生を選考し、入学金・授業料などを免除する給付奨学金制度も導入していますので、詳細は学校説明会やホームページなどでご確認ください。

最後に、入試広報部主任の戸口義也先生から受験生へメッセージをいただきました。

「本校の適性検査型入試の受験生は、やはり公立中高一貫校との併願が多いのですが、公立中高一貫校に合格しながら本校への入学を希望する合格者もいます。公立中高一貫校にはない、そして本校だけにしかない価値がまちがいなくありますので、それを見出していただければうれしいです。

また最近では、本校を第1希望としながら、2科あるいは4科の入試ではなく、適性検査型入試でチャレンジする受験生も見られます。適性検査型入試以外にも英語（4技能型）入試やサイエンス入試など、さまざまな学習環境を持った生徒が受けやすい入試環境を整えていますので、ぜひ共立女子第二中学校を志望校のひとつにご検討ください！」

森上's eye!

2022年度に英語コースが新設予定

6年前から行ってきたコース・カリキュラムの改革の効果が、少しずつ大学合格実績に表れているようです。共立女子大学の人気もあり、受験生も増加傾向にあります。英語教育に特色のある学校ですが、2022年度には英語コースが新設予定のようで、さらに魅力のある教育が期待されます。

School Data　共立女子第二中学校〈女子校〉

所在地　東京都八王子市元八王子町1-710
アクセス　JR中央線・京王線「高尾」スクールバス10分（無料）
JR各線「八王子」スクールバス20分（無料）
TEL　042-661-9952
URL　http://www.kyoritsu-wu.ac.jp/nichukou/

学校説明会（要予約）
10月3日(土)10:30～12:00〈入試問題研究会1〉
10月23日(金)18:00～19:10
11月5日(木)10:30～12:00
11月28日(土)10:30～12:00〈入試問題研究会2〉

入試説明会／入試体験（要予約）
12月5日(土)14:00～15:30〈適性検査型〉
12月20日(日)9:30～12:00〈国算2科型〉
1月9日(土)10:30～12:00

理科体験授業（要予約）
1月9日(土)14:00～15:30〈小5以下対象〉

入試直前相談会（要予約）
1月16日(土)9:00～12:00

今年度のイベント日程は、社会状況を考慮しつつ、受験生の安全を第一に考えて実施していきます。最新の情報は、公式ホームページをご確認ください。

桐蔭学園中等教育学校

自ら考え判断し行動できる子どもたち

男女共学の新しいスタイルとなり2年目を迎えた桐蔭学園中等教育学校。アクティブラーニング型授業をベースに、「学力の氷山モデル」に基づく学力観を土台とした教育を実践しています。

学力の氷山モデル「3つの学力」

桐蔭学園では、2014年の学園創立50周年を機に、新たな教育ビジョン「自ら考え判断し行動できる子どもたち」を策定し、次の50年に向けた教育改革を進めています。この教育ビジョンの実現に向けて、桐蔭学園中等教育学校（以下、桐蔭学園）では、2015年にアクティブラーニング（以下、AL）研究の第一人者、京都大学の溝上慎一教授（当時、現・桐蔭学園理事長）を教育顧問として招聘し、積極的にAL型授業を取り入れてきました。その過程でわかってきたのが、「学びに向かう力」の重要性です。

桐蔭学園では、学力を氷山にたとえ、水面上に出ている部分は「見える学力＝知識・技能」、水中のまんなかの部分は、「見えにくい学力＝思考力・判断力・表現力等」、水中の一番下に隠れている部分を「見えない学力＝学びに向かう力・人間性等」とする「学力の氷山モデル」に基づく学力観を土台に、一番下に隠れている「見えない学力」から育てることに重きをおいて、この「3つの学力」を包括的にとらえて伸ばしています。

その教育カリキュラムの柱が、次にご紹介する「AL型授業」「探究（未来への扉）」「キャリア教育」です。

学力の氷山モデル

全教科で行うAL型授業

桐蔭学園のAL型授業は、50分を「個⇒協働⇒個」という流れで行っており、生徒が自分自身でしっかりと学ぶ部分と、他者と共有することによって学ぶ部分の両方を大切にしています。

「本校のAL型授業は、例えば授業の冒頭に教師がその日の授業テーマを黒板に書き、それを生徒はノートに書き写します。次に、教師がそのテーマについて発問し、生徒はそれに対する自分の考えを書きます。これが『個』の作業です。次に発表などもしながら、個々の意見をクラスメイトと共有していきます。これが『協働』です。そして共有したものをまとめて最終的な自分の考えとしてふり返る『個』の作業で締めくくられます。この一連の流れが本校のAL型授業の標準的なスタイルで、全教科共通の考え方です。特に『協働』では、自分の意見を述べたり、クラスメイトの意見を聴いたりする過程で、その日の授業のなかで一番大事な部分に自分で気づいてほしいのです。〝はっ〟と気づいたことは一生忘れませんから」と玉田副校長は語ります。

また、AL型授業を始めるにあたり、ノートの取り方や人の話の聴き方、授業での話し方など、学習するうえで基本となる部分を丁寧に指導するのも特長で、生徒全員が同じスタートラインから伸びるための基礎となる部分がシステム化されています。

AL型授業

探究＝未来への扉

次にご紹介するのは「未来への扉」という科目名の探究の授業です。昨年度より新たに導入された授業で、1年次から5年次まで週1回行われています。この探究の授業では、情報の集め方、情報の整理の仕方、プ

1分間スピーチ

レゼンテーション資料の作り方といった基本的なスキルからスタートし、さまざまな角度から分析の仕方、問題解決方法など、社会にでてからも必要とされる力を身につけます。

探究では、まず自分の興味・関心事と社会の課題との接点をみつけて「課題の設定」をします。次にその課題に対して必要な「情報の収集」を行い、その集めた情報を「整理・分析」し、構造化・可視化して多様な視点からさらに探究し、論文やレポートにまとめ、他者に発表します。そして、この探究プロセスで大事なところが、次の「ふり返り」です。発表して終わりではなく、今回の探究では何ができて、何ができなかったかをふり返ることが重要です。自分の今の実力を認識し、探究の成果や課題を明らかにすることで、新たな課題が見えてきます。この一連の探究プロセスを繰り返すことで、自然と自ら学び続ける力が身についていきます。

自己肯定感を醸成する新しいキャリア教育

桐蔭学園では、朝のホームルームで1分間スピーチの時間があります。テーマは、「将来の夢」や「私の宝物」など時々によって変わりますが、聴き手は、しっかりと話者の方を向いて頷きながら耳を傾けることになっています。これが「傾聴」です。そして発表後は、必ず全員で大きな拍手を送ります。これによってスピーチした生徒は、みんなに認められたという安心感を得ることができます。これが「承認」です。この「傾聴」と「承認」の小さな積み重ねが、主体的に学び続ける力に大きくかかわる「自己肯定感」を醸成していきます。桐蔭学園では、これまでのような、大学や職業を考えるキャリア教育ではなく、他者と共存し、お互いを高め合いながら成長するための基礎的なキャリア教育が重要だと考えています。

「30年後には新しい職業がたくさん生まれているでしょう。しかし、どんな時代の、どんな世の中になっても、社会で必要とされるためには、人間としての汎用的な力をつけることが望ましいのではないかと思います。これからは『どんな仕事に就きたいですか？』というキャリア教育では意味がないのです」と玉田副校長は語ります。

また、桐蔭学園ではアフタースクール（放課後のさまざまな活動）もキャリア教育の要素を持ったユニークな取り組みです。その柱となる空間の1つが、グローバルラウンジです。英語を使ってネイティブの先生や友人たちとコミュニケーションをとることのできるスタイリッシュな空間です。生徒たちがラウンジスタッフとなり、イベントを企画・運営しており、英語のスキル向上はもちろん、世界中の人とつながり、理解を深めることができます。

これまでにない新しい教育を実践する桐蔭学園。その改革は始まったばかりですが、エネルギッシュな中1・中2の生徒たちが、いきいきとした学校生活を送っています。

グローバルラウンジ

森上's eye!

着実に教育改革を進める桐蔭学園の底力に注目

1964年に「真のエリートの育成」をめざして誕生した桐蔭学園が、昨年、溝上慎一先生（前京都大学教授）を学園理事長に迎え、次の50年に向けた教育改革を推進しています。アクティブラーニング型授業、探究、キャリア教育を3本の柱として「新しい進学校のカタチ」を追究しています。

School Data

桐蔭学園中等教育学校〈共学校〉

所在地 神奈川県横浜市青葉区鉄町1614
TEL 045-971-1411
URL http://toin.ac.jp/ses/
アクセス 東急田園都市線「青葉台」「あざみ野」「市が尾」・小田急線「柿生」「新百合ヶ丘」バス10分～20分

学校見学会　要Web予約
9月18日(金)10:00～11:00
9月26日(土)14:30～15:30
10月13日(火)10:00～11:00
10月30日(金)10:00～11:00

学校説明会　要Web予約
11月14日(土)14:30～16:00

入試体験会・入試説明会　要Web予約
12月12日(土) 9:30～11:30
※体験会は6年生対象
※日程・開催形式は変更されることもあるため、学園公式サイトで確認をお願いします。

二松学舎大学附属柏中学校

「論語教育」の実践で真の国際人を育成

論語教育や自問自答プログラムといった特色ある中高一貫教育を実践する二松学舎大学附属柏中学校。主体性を持って、多様な人びとと協働して学ぶ態度の育成に力をいれています。

「論語」に学び人間力の向上をめざす

1877年、二松学舎を創立した漢学者・三島中洲先生が建学の理念にこめた思いは、自国を理解し、同様に他国のことも正しく理解することのできる真の国際人の育成、そしてグローバル社会に貢献することのできる人材の育成です。

「これからのグローバル社会で求められる力は、数値化できない力=EQ（こころの知能指数）だと考えています。本校では、学祖の建学の理念の実現に向けて、数値化できるIQ（知能指数）のみでなく、EQを育むために、さまざまな教育活動を実践しています」と語るのは副校長の島田達彦先生です。

二松学舎大学附属柏中学校（以下、二松学舎柏）が教育の柱においているのが、中高6年間をつうじて学ぶ「論語」です。道徳の授業や毎朝のモーニングレッスン（25分間）で、2500年前に孔子が残した言葉に触れることで、人間が守らなければいけない根本的なことは少しも変わらないということを学びます。中学の論語の授業では、湯島聖堂の漢文検定のテキストが使われていて、最初は「素読・暗唱」から始めます。声にだして「論語」の精神に触れることで、自然とその言葉を自分のものにすることができるようになります。

「論語」テキストの「素読・暗唱」

高校では、英訳入りのオリジナルテキストを使って「論語」を学びます。日本語の解釈と英語での解釈のちがいを認識することで、さらに理解が深まり、英語力も向上していきます。

人格形成期のなかでも最も多感な中高6年間をとおして「論語」を学ぶことは、これからのグローバル社会を生き抜くための「人間力の向上」に結びついています。

体験型の校外学習で自問自答力を養成する

もうひとつの教育の柱が、「自問自答プログラム」です。校外で実施される体験型プログラムで、自ら課題を見つけて、自らその答えを導きだす主体的で対話的な学習活動です。

中1は、学校から歩いて15分ほどにある手賀沼の歴史や環境問題について学びます。そのなかで自ら疑問に感じる課題を見つけて、調べ学習をスタートさせます。中2では、自国理解を深めるために京都・奈良を訪問します。事前学習をしっかり行ってから現地を訪れ、それぞれが探究を深めていきます。そして中3は他国理解として、シンガポール・マレーシアに修学旅行に行きます。日本とのちがいを認識することで、多様性を理解し、それを受け入れることの大切さを学びます。

また、中3ではこれまでの自問自答プログラムを中心に、調べたい内容を各自が論文にまとめる「卒業論文」にのぞみます。生徒ひとりにひとりの教員が担当につき、大学の卒業論文のように進めていきます。昨年は「じゃんけんで勝てる方法はあるか」「人間関係が悪くなる要因は兄弟がいるかいないかで決まるか」など、さまざまなテーマについて自問自答し、論文にまとめていました。この卒業論文は「探究」という冊子にまとめられ、学校説明会などでも発表されています。

中2・古都の教室

真の国際人を育成する「グローバルコース」

中学には、「グローバルコース」「特選コース」「選抜コース」の3つのコースが設けられており、なかでも入学志願者数が最も多いコースが「グローバルコース」です。このコースの目的は、多様性を認めること、異文化を理解し、そして真の国際人（グローバルリーダー）を育成することにあります。授業は従来の講義形式だけでなく、アクティブラーニングを導入し、対話的・協働的な学びを実践しています。

「グローバルコース」の特徴のひとつが、7限目のプレゼンテーションプログラムです。海外研修で今後訪れるイギリス・オーストラリア・カナダの文化や歴史を学んだり、SDGsを中心に、世界の課題に貢献する手段を考えプレゼンテーションするなど、まず日本語で国際理解を深め、しっかり考える力（思考力）と情報を的確に処理する力（判断力）を養い、説得力のあるプレゼンテーション（表現力）をめざします。

JICA、ユニセフ、国連大学などの訪問や年2回の英語集中講座など、体験プログラムが豊富に用意されているのもグローバルコースの特徴です。

プレゼンテーションのようす

そして、中学の集大成として約2週間のカナダ研修があります。語学研修を中心に現地の環境保護の取り組みなども学びます。また、全コースの中2生・中3生の希望者対象に、セブ島語学研修、オーストラリア研修が用意されているなど、充実した海外研修も魅力です。

6年前に国公立大学、最難関私立大学をめざすコースとして開設されたグローバルコース、来春初めての卒業生が、どのような大学合格実績を残すか期待が寄せられます。

12月の第一志望入試で「特選コース」の募集も実施

2021年度入試では、12月1日（火）に実施する第一志望入試を含めて、計6回の入試を実施します。入試の変更点としては、第一志望入試では、これまで「選抜コース」のみの募集でしたが、2021年度入試から「特選コース」の募集も行います。試験内容も作文・算数＋表現力検査（自己アピール・面接）から、作文・算数・英語から2科選択＋表現力検査に変更になります。

思考力検査型入試（検査Ⅰ・Ⅱ）は1月25日（月）午前に、「グローバルコース」と「特選コース」の2コースの募集で実施します。試験内容は昨年度と変更はなく、検査Ⅰは算数・理科・社会の教科横断型の問題、検査Ⅱは作文です。やや難度の高い内容で、レベル的には都立小石川中等教育学校をイメージした内容です。これ以外にも2科・4科選択の入試もあり、4科で「グローバルコース」を受験する場合、社会・理科の2科を英語に変更し、算数・国語・英語の3科入試に変更することもできます。

「3コースの合格難度は、グローバルコース、特選コース、選抜コースの順になっていますが、選抜コースに合格した生徒が、その合格を保持したまま特選コースやグローバルコースにチャレンジすることができます。1月に実施する4回の入試は、同時出願をすることで、受験料2万円で4回すべて受験できますので、毎年、多くの生徒がチャレンジしています。本校の教育をご理解いただき、二松学舎柏で学び自分の力をどんどん伸ばそうという目標を持って入学してくれる生徒さんが増えてくれることを期待しています」（島田先生）

オーストラリア研修

森上's eye!

論語からICTまで
伝統と革新のハイブリッド教育

開校から10年、論語に基づく人格形成や自問自答プログラムによるEQの育成など、二松学舎柏ならではの取り組みが、結実しつつあるようです。

現在にもつうじる学祖の志を実現すべく、2030年型教育体制の構築をめざす「N '2030 Plan」を指針として、さらなる教育改革を進めています。

School Data

二松学舎大学附属柏中学校〈共学校〉

所在地 千葉県柏市大井2590
TEL 04-7191-5242
URL https://www.nishogakusha-kashiwa.ed.jp/
アクセス JR常磐線・地下鉄千代田線・東武野田線「柏」、東武野田線「新柏」、JR常磐線・地下鉄千代田線「我孫子」スクールバス

学校説明会（要予約）

9月19日(土)　9:30～11:00
10月3日(土)　9:30～11:00
10月17日(土)　14:00～15:30※1
11月3日(火・祝)　9:30～11:00※1
11月7日(土)　14:00～15:30※1
11月23日(月・祝)　9:30～11:00※2
12月5日(土)　9:30～11:00
12月12日(土)　9:30～11:00※2
12月19日(土)　14:00～15:30
1月9日(土)　9:30～11:00
(予約についての詳細はホームページをご覧ください。)
※1:別室にて第一志望説明会あり
※2:別室にてグローバルコース説明会あり
日程は変更になる場合があります。
事前にHPでご確認ください。

日本大学中学校（にほんだいがく）

国際舞台で活躍できるリーダーを育成

日本大学の教育理念「自主創造」のもと、体験型キャリア教育プログラムを推進する日本大学中学校。大学付属校と進学校の両方の強みを持つ共学の中高一貫校として、いま注目を集めています。

GL・NSの2コース制で、高みをめざす

日本大学中学校（以下、日大中）が掲げる「Aiming high!」という言葉には、「志高く、常に高みをめざし、夢の扉を開こう」という熱い思いがこめられています。日本大学への進学だけでなく、他の難関大学にも多くの合格者を出すなど、生徒の進路目標を実現するためのサポート体制が整っています。

日大中は、グローバルリーダーズ（GL）コースとNスタンダード（NS）コースの2コースで構成されています。GLコースは、グローバル教育・キャリア教育・課外講座等の必修プログラムをとおして、高みをめざすフルコース型で、海外研修の機会が多いコースです。

NSコースは、同じくグローバル教育・キャリア教育・課外講座等のプログラムを、生徒各自のニーズに応じて選択することができるアラカルト型で、生徒の自主性を重んじたコースとなっています。

「まず基礎学力の定着をはかり、本校独自のさまざまなキャリア教育プログラムを体験することで、将来の目標を明確にして欲しいと考えています」と教頭の鈴木仁先生は話されます。

高校は、外部から入学する生徒と混合クラスを編成します。スーパーグローバル（SG）クラス、特別進学クラス、総合進学クラスの3つに分かれ、希望により、いずれのコースへも進学できます。ただし、SGクラスと特別進学クラスは一定の学力基準をクリアする必要があります。

洗練されたイングリッシュリテラシーを磨く【グローバル教育】

世界に羽ばたく「確かな力」を育むグローバル教育を推進しています。

体験型海外研修のうち、参加必修の研修として、中1でGL・NS両コースとも福島県ブリティッシュヒルズ研修（2泊3日）、GLコースは、中2でシンガポール海外研修（5日間）、中3ではアメリカ／オーストラリア／ニュージーランド海外研修（1か国選択、15日間）を、NSコースでは、中3で台湾海外研修（5日間）を実施しています。

希望者を対象とした研修では、GL・NS両コース対象の、オーストラリア・ヌーサ夏期短期海外研修（約3週間）も用意されています。

さらに、高校では、カナダ・ビクトリア夏期海外研修（約3週間）やニュージーランド中期海外研修（3か月）、1年間の海外留学など各種充実した海外研修を実施しています。

とくに、GLコースから高校のSGクラスに進学した場合は、高1でハワイ海外研修、高2でカナダ海外研修（ともに必修）を実施するため、中高6年間で4回以上の海外研修の機会があり、中高の多感な時期に貴重な異文化体験を積むことができます。

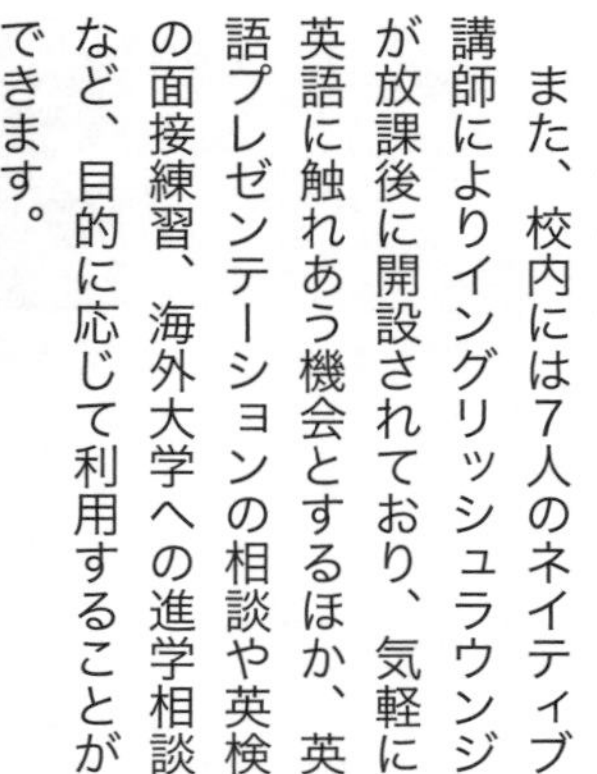

また、校内には7人のネイティブ講師によりイングリッシュラウンジが放課後に開設されており、気軽に英語に触れあう機会とするほか、英語プレゼンテーションの相談や英検の面接練習、海外大学への進学相談など、目的に応じて利用することができます。

主体的な学びを実現する【ICT教育】

日大中は、全員にタブレットPCを貸与し、今年で5年目を迎えるICT教育先進校です。タブレットPCと電子黒板の活用は、双方向授業や調べ学習など、いわゆるアクティブラーニング型授業を可能とし、主体的に学びを深め、論理的思考力を高める効果を発揮しています。

また、校外活動や海外研修などの

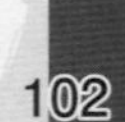

事前学習と事後振り返りのプレゼンテーションもICT機器を活用して行っています。生徒は創意工夫したプレゼンテーションを行うなかで、自然と表現力を磨いていきます。

休校中も大活躍！ 中1生でも活用できるオンライン学習

新型コロナウイルスの影響による長期臨時休校中は、生徒が持つタブレットPCとアプリを活用し、ホームルームや時間割に沿った授業解説動画と課題の配信・提出等をオンライン上で円滑に行いました。

家庭で規則正しい生活を送るなかで効率良くクオリティの高いオンライン学習の提供ができました。

「入学間もない中1生もタブレットPCとアプリ活用に慣れようと懸命に努力してくれた結果、オンライン学習は大きなトラブルもなく行うことができました」（鈴木仁先生）

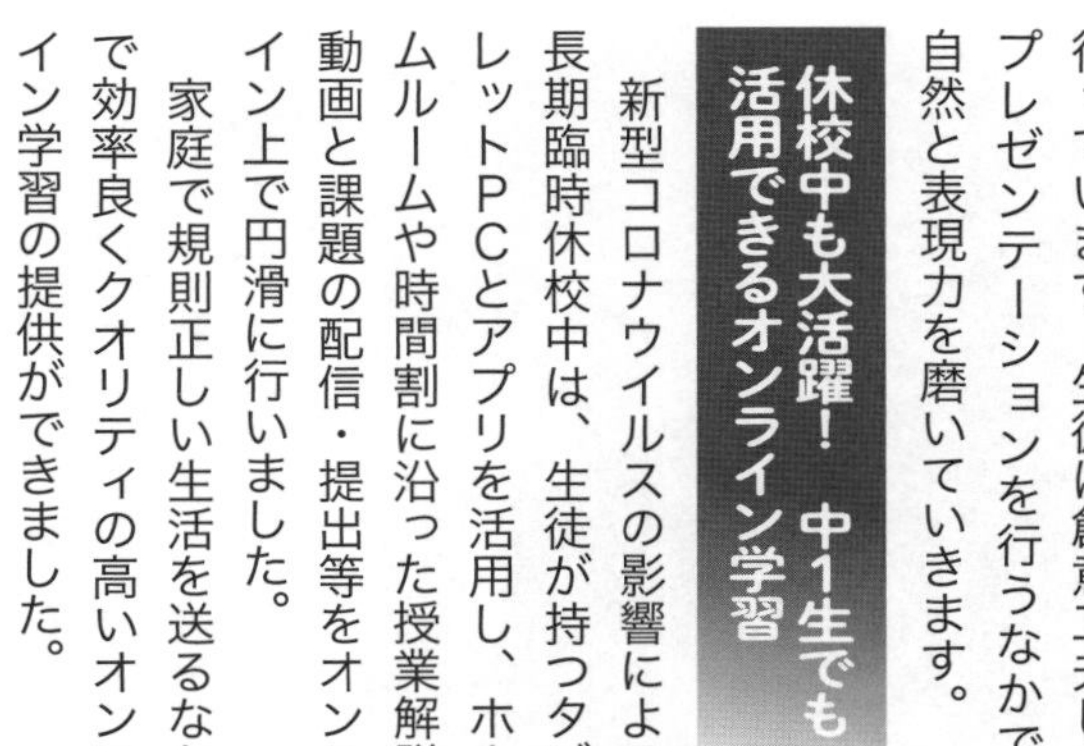
スピーチコンテスト

中1から自分の将来を考える体験型キャリア教育

中1は、入学して間もない5月から16学部ある日本大学の各学部を訪問します。例えば、国際関係学部では、静岡県三島キャンパスまでバスで移動し、日本に学びに来ている留学生と交流して、国際理解力を高めます。理工学部のある千葉県船橋キャンパスでは、ロボット操作の体験や海洋建築の講義を聞き、松戸歯学部では、実際に治療で使われている器具を使い、歯科医師の体験をします。

また、情操教育の一環としての歌舞伎鑑賞や大相撲観戦、キッザニアや民間企業での職業体験なども行われています。さらに資格検定も盛んで、英検・漢検はもちろん、GTEC、ことわざ検定、ニュース検定、防災検定なども推進しており、中1の早い段階からさまざまな職業や社会について学ぶことで、自分の生涯のキャリアについてしっかりと考えるようになります。

適性検査型入試は2月1日午前に変更！

日大中では、生涯をつうじてどのようにキャリアを築いていくかを進路指導の基本としており、日本大学への進学だけでなく、他大学への進路指導もきめ細かく行っています。２０２０年度の現役進学率は95％と過去最高で、日本大学への進学者は5割強、約４割の生徒が他大学へ進学しています。近年は、国公立大学への進学者が増加しており、神奈川県内でも有数の進学校として注目されています。

２０２０年度入試では、適性検査型入試の受験生が１７０名を超え、入学者も増加傾向にあることから、２０２１年度の適性検査型入試を、これまでの２月１日午後から、２月１日の午前に変更します。検査内容は、適性検査Ⅰ【文章を読み取り、要点を整理する読解力と自分の考え・意見を的確にまとめる表現力を問う問題】と適性検査Ⅱ【知識の応用力・運用力、思考力、論理的な考察力を問う問題】で、東京都および神奈川県の公立中高一貫校の適性検査を参考にした日大中オリジナル問題です。ホームページにサンプル問題が掲載されていますので、一度ご覧になってみてはいかがでしょうか。

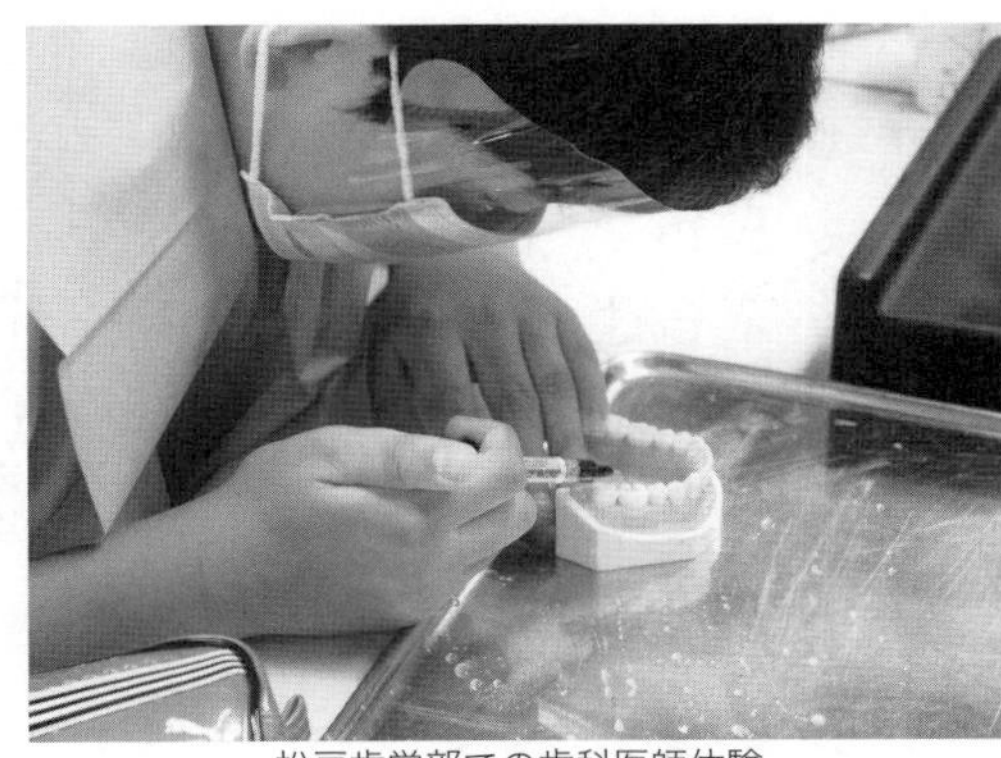
松戸歯学部での歯科医師体験

森上's eye!

日本大学との中高大連携でのびのびと過ごす6年間

生徒全員が日本大学へ進学していると思われがちですが、近年は、国公立大、早稲田大、慶應義塾大などの難関大学への進学者が増加傾向にあります。

大学付属ならではの、ゆったりとした空気がながれていて、短期研修から長期留学まで、海外研修制度が豊富に用意されているのも特徴です。

School Data　日本大学中学校〈共学校〉

所在地 神奈川県横浜市港北区箕輪町2-9-1
TEL 045-560-2600
URL https://www.yokohama.hs.nihon-u.ac.jp/junior/
アクセス 東急東横線・目黒線・横浜市営地下鉄グリーンライン「日吉」徒歩12分

学校説明会（予約不要）
第１回　10月３日(土) ９:30～
第２回　11月28日(土) ９:30～

桜苑祭（文化祭）※開催中止
９月12日(土)・13日(日) ９:00～15:30

2021年度入試情報
適性検査型入試は、２月１日(月)午前に実施します！

学校見学
Webサイトからの事前の申し込みが必要です。

※上記行事等は都合により変更になることがございます。
事前にwebサイトでご確認ください。

横須賀学院中学校

（よこすかがくいん）

“世界の隣人とともに生きる力”を育む

青山学院横須賀分校を受け継ぎ、1950年に誕生した横須賀学院中学校・高等学校。「敬神・愛人」の建学の精神に基づき、グローバルな視点で持続可能な社会を担う人を育てる教育プログラムを展開しています。

社会の問題に向きあい解決していく力

横須賀学院中学校・高等学校（以下、横須賀学院）では、英会話力やICT活用力も日常の学習のなかでしっかり身につけ、ディスカッションやプレゼンテーションにいかす取り組みを行っています。2020年度よりWi-Fi環境が中高全館で整備されました。ひとり1台のタブレットを活用しての毎週1回のオンライン英会話も好評です。中1の英語では、フォニックスの学習も取り入れ、発音する楽しさを体感できるスタートとなっています。

新型コロナウイルスによる休校期間中も、授業動画配信やリモートでの礼拝、ホームルーム、質問タイムなどをとおして学校と家庭をつないだタブレットは、今後の新しい教育活動の可能性を広げ、世界とつながる力と楽しさを体感するツールとしてさらに活用の幅を広げることになるでしょう。

また、横須賀学院では図書館とのコラボプログラムにも力を入れ、本に親しみ、情報を正確に理解し、根拠をふまえて自分の意見を発信する力を大切に育てています。国語の授業での10分間読書やポップづくり、ビブリオバトルなども、生徒たちが大好きな時間となっています。自ら課題を見つけ、調べ、議論しながらさらに自分の考えをまとめていくプロセスをていねいに学習し、社会のさまざまな問題に向きあっていく姿勢を身につけていきます。

自らの人生の幅を広げ、他者とともに幸せになる力

横須賀学院では、与えられた自分の力を磨き、それを他者のためにいかすことに喜びを持てる体験の積み重ねを大切にしています。

縦割りの体育祭やクラス対抗の合唱コンクール、清里や沖縄での環境学習や平和学習、中1から始まるイングリッシュデイズやインターナショナルスクールでのボランティア、アジア学院Work Camp、中3のシドニーホームステイや高2でのドイツ・ポーランドでの異文化体験など、たくさんのプログラムに積極的に参加するなかで、自分と異なる賜物を持っている他者とともに生きるすべと喜びを味わいながら成長していく6年間を過ごします。

森上's eye!

国際感覚あふれる横須賀で多文化理解を深める教育

キリスト教を土台としたグローバル教育を、ていねいに実践している学校です。葉山インターナショナルスクールと連携して行うボランティアでは、楽しみながら実践的な英語を学ぶことができるのも特徴です。

青山学院大学との教育連携協定は12年目を迎え、ますますさかんな高大連携教育が進むものと思われます。

School Data 横須賀学院中学校〈共学校〉

所在地 神奈川県横須賀市稲岡町82
アクセス 京浜急行本線「横須賀中央」徒歩10分、JR横須賀線「横須賀」バス5分・「大滝駅バス停」徒歩5分
TEL 046-828-3661
URL https://www.yokosukagakuin.ac.jp/

オンライン学校説明会（要予約）
9月19日(土)

学校説明会（要予約）
11月14日(土) 9:00～12:00
※入試問題体験会を並行開催
12月12日(土)10:00～11:30
1月9日(土) 9:00～12:00
※入試問題体験会を並行開催
1月16日(土)10:00～11:30　入試直前相談会
1月23日(土)10:00～11:30　入試直前相談会

オンライン水曜ミニ説明会（要予約）
6月～12月までの毎週水曜日
10:00～11:30
※学校行事等で開催できない場合もありますので、HPで確認して予約してください。

公立中高一貫校受検のために 適性検査とはどのようなものか

合否に直結しているといえるのが適性検査 過去問題でその傾向を知って自信を持とう

公立の中高一貫校では、生徒を選抜するための学力検査は実施しません。それは「受験競争の低年齢化につながらないように」という文部科学省の配慮からです。しかし公立中高一貫校では、それに代わる検査として、各校の「教育方針に対して受検生の適性があるか」を判断するための適性検査が行われています。そしてこの適性検査が合否のカギを握っていることはまちがいありません。では首都圏の公立中高一貫校の「適性検査」とは、どのようなものなのか、研究してみましょう。

コロナ禍のなかで変わる部分は？

公立受検にしろ私立受験にしろ、今年の受験生はコロナ禍のため、これまでにはない状況を考えながら、その日を迎えなければなりません。

模擬試験は行われましたが、オンラインでの受験であったために受験生個々がどの程度本来の力を発揮しているのかがわかりません。また模擬試験の受験人数は例年を下回っています。例年と異なる母数のなかで計算される偏差値の信頼度ももうひとつです。

なお、大がかりな会場模試の設定は10月以降になりそうです。

受検当日の入試形態の変更もあります。たとえば神奈川県立の2校では、「グループ活動による検査」の見送りを発表しています。

しかしながら、いまだ当日の詳細を伝えていない学校も多くあることから、とくに受検生同士の接触が密になる可能性がある検査は、これから変更発表の可能性が残されています。今後、9月、10月の情報収集が大切になってきます。

また、例年なら公立・私立を含めて4～6校（受験回数）を受けていくのが各家庭の方針となりますが、新型コロナウイルス感染症を恐れて併願校は本命中心へと減る傾向となりそうです。

すでに、散髪は理髪店を使わずご家庭ですませているなどの対策が聞こえてきますが、受検日が近づくにつれて、ご家庭のウイルス予防も厳重になっていくでしょう。とくに家庭外にでかけることの多いお父さんは注意が必要ですし、入試当日、保護者の学校立ち入りを制限する学校もでてきそうです。

適性検査のデキが合否を分けている

さて本題です。首都圏の公立中高一貫校における入学者選抜では「報告書・適性検査・作文・面接・実技検査」などの検査を行い、総合的に合否が判定されます。とはいうものの、やはり評価の比重が大きいのが適性検査です。

適性検査はおもに記述式解答によりますが、千葉の国語では聞き取った内容から自分の考えを表現する聞き取り検査も行われています。

問題の難度ですが、小学校の学習指導要領の範囲を越えることはなく、小学校で学んだことのなかから出題されるのが前提となっています。

しかし、公立の中高一貫校でも優れた生徒に入学してほしいと考えるのは当然です。ですから適性検査の問題はさまざまに工夫されています。複数の教科を組みあわせたり、問題解決のための活用型の出題も多く、総合的に考える力が試されます。

出題には、入学後の6年間で生徒をかならず伸ばすことができるように、基礎的な学力や資質をみたいという意図がこめられています。

また、「どう考えるのか」「なぜそう思うのか」を文章にまとめ、記述する=表現する問題が多くだされます。つまり、「覚えている」「知っている」だけでは解答を得ることはできないのです。知識の量や暗記語句、何度も解いて暗記された解法を知っているか、を問うのではなく、思考力・表現力などをその場で発揮できるかどうかが合否の分かれ目となります。

都・県や学校によって ちがいがある適性検査

公立中高一貫校への受検は、当然、居住地によって出願資格が制限されています。

他の都道府県の公立中高一貫校への出願はできません。また検査日も統一されているため1校しか受検することはできませんから、受検にあたっては、その居住地にある学校の適性検査を研究することが大切です。過去問題対策にしても適性検査ならどこのものでもいいだろうと考えるのは禁物です。

現在、首都圏の公立中高一貫校は各都県に数校が設立されています。適性検査の問題が、その都県内の全校共通である場合、一部の学校が共通である場合、各校で異なる場合などがあります。

東京都立の中高一貫校適性検査では、共通問題を柱として、一部の問題を各校が独自問題に差し替えて実施しています。

過去問題で学校からの メッセージを読み解く

適性検査は、ほとんどの学校で45分が検査時間となっています。これは現行の小学校の授業時間に合わされているからです。

ところが、この時間内に多くの資料や長い文章を読み解き、解答へと表現するのは至難ともいえます。

読み解くだけで半分以上の時間がかかる場合もあるでしょう。この時間内で自らの力を最大限に発揮できる集中力とともに時間を配分する力も必要です。

さて、適性検査には各校の教育方針や育てたい生徒像が反映されています。学校によって、問題内容や評価の観点がちがってくるのはこのためです。

ですから、まず志望校の教育方針や理念、特色を理解するところから始めるのが第1歩だということになります。

そして、志望校の過去問題をしっかりと見て、そこに隠されている学校からのメッセージを読み解くことから始めましょう。つぎのページから公立中高一貫校が試したい力について話を進めます。

〔夏号〕〔秋号〕は大学進学までを見通して高校進学を考えます

本誌の姉妹誌
Success15
夏 増刊号（好評発売中）
秋 増刊号（10月20日発売予定）

高校を選ぶとき、最も大切なことは、その先までを見通した選択の眼を持つことです。夏、秋の増刊号はそのお手伝いをします。

A４変形版　104ページ　定価800円＋税　全国書店ネット書店　または下記へ

株式会社グローバル教育出版　〒101-0047　東京都千代田区内神田2-5-2 信交会ビル3F　TEL:03-3253-5944㈹　FAX:03-3253-5945

Fight!
受験まであと100日

公立中高一貫校受検のために
公立中高一貫校の過去問分析

適性検査対策はここから

君は6つの力を持っているか

公立の中高一貫校で受検生が立ち向かう問題は、私立中高一貫校の出題とはかなりちがいます。なかにはおとなでも面食らうような問題にであうこともあります。その問題の背景には、前ページで述べているように各校が望む生徒像へのメッセージがこめられています。それを感じ取るには、志望する学校の過去問を根気強く解いていくしかありません。そのヒントになるのが、ここでしめす6つの「試される力」です。

志望校はなにをあなたに求め、試そうとしているのか考えましょう。

適性検査が試そうとする力とは

適性検査で試される6つの力とは

公立中高一貫校の問題はむずかしいといわれます。しかし、よく解きこんでみると、それぞれの学校に出題の特徴があります。

各校とも入学者選抜にあたり、「出題のねらい」をホームページで公表しています。

これらの「ねらい」を見ていると、首都圏の公立中高一貫校の適性検査が試そうとしている力がみえてきます。

それは以下の6つの力にまとめられます。

「資料を読み解く読解力」
「筋道を立てて考える力」
「問題を解決する力」
「ひらめきと計算力」
「作文力と表現力」
「教科知識の活用力」

の6つです。

これらの検査問題は、私立の中高一貫校の入試問題とは、かなりちがったものに見えます。それではやさしいのかといえば、そうとはいえません。

けっして取り組みやすい内容とはいえず、冒頭で述べたとおり、おとなでも面食らう問題も多くあります。

さらに、一つひとつの問題に答えていく作業のなかでも、合格するためには、高い理解力や、評価される記述式答案をつくるだけの表現力も要求されます。

しかし、ここにあげた6つの力をまんべんなく身につけていくのは大変です。

学校側もかぎられた時間のなかの適性検査で、これらの力をまんべんなく試すことはむずかしいことですから、どうしても学校によって偏りがでます。

つまり、6つの力のうち、学校によって試そうとする力が、いくつかの力に偏ってくるということです。

やはり欠かせない過去問研究

それは、作問者の好き嫌いではなく、学校が「来てほしい」と考えている生徒の姿、その彼らが持っていてほしい力に接近してくるということでしょう。

言い換えれば現在の在校生が持っている力と重複してくる、と考えていいものかもしれません。

さて対処法は、もうおわかりと思いますが、公立中高一貫校の受検にあたっても、私立中高一貫校の入試と同様、過去問研究から志望校の出題傾向をしっかりと認識して、じゅうぶんな準備をすることが「合格のポイント」になります。

各校による出題傾向のちがいにも敏感に

いまお話しした6つの力の偏りのほかに、各都県、各校による出題傾向のちがいを感じ取っていく、過去問の研究も必要です。

各校の出題傾向のちがいとは、具体的にはどのようなものがあるのでしょうか。

それは「教科書レベルの知識で対応できる問題」「その知識を活用することが必要な問題」「適性検査としてふさわしいレベルの問題」「より複雑で条件が厳しい傾向にある問題」「私立中学校類似レベルの問題」などに分けることができます。

学校によって、これだけレベル、傾向がちがうのですから、そこを見誤ると過去問に取り組んでも意味がありません。

そのほかの注意点として、過去問研究は、特定の科目にとらわれることなく、まんべんなく調べるということも忘れてはなりません。

保護者が過去問に取り組むとき、自らの得意分野にこだわりすぎ、ほかの科目の研究がうすくなってしまう傾向があります。

また、過去問によって出題の偏りに気づいたときは、進学塾の先生にもお話しして、再確認することもおすすめします。

では、つぎに6つの試される力をみていきましょう。

求められる力 1 資料を読み解く読解力

グラフや表を読み解いて自らの考えを表現する

「資料を読み解く読解力」は、公立中高一貫校が共通して求めている力です。

問題では、写真や表、グラフ、地図と、その説明や会話文がしめされます。それを読み解き、わかったことを答え、その内容について自分なりの考えを記述する解答になります。

つまり、資料を読み解く問題では、「資料からわかったことを書く」「資料からわかったことを書き、さらにその理由を書く」「わかったことと、その理由をもとに、自分の考えを表現する」といった解答になります。

ここで求められているのは、知識の量ではなく問題の意図を読み取って自分なりに思考し、表現していく力です。

このタイプの適性検査問題で求められる「資料を読み解く力」を身につけるためには、日ごろからグラフや表、地図、また新聞記事などを読み取っておくことが大切です。

とくにグラフや表、地図では、地域間のちがいや、時間（経年）の変化によって、なにが、またどこにちがいが生じてくるのかを読み取っておくことです。

また、読み取った内容について、自分の意見を持つことが大切ですから、家庭内でも子どもの意見に耳を傾け、さらにちがった意見もあることをしめして、考えを深めあう機会を積極的につくりましょう。

たとえば「ごみの処理」や「リサイクル」を題材とした問題は、公立中高一貫校では、よく取り上げられるものです。この7月からコンビニなどのレジ袋が有料化されましたが、これなどは、環境保全につながる見逃せない題材です。

このタイプの問題では計算力が必要な問題や、字数の多い記述問題がつぎつぎと出題されますので、根気よく解いていく力も試されます。計算は、単位の換算も含めて時間がかかる出題が多く、なかなか骨の折れるものとなっています。

計算問題自体はむずかしくありません。記述式解答は25字以内、30字以内などと指定されたなかで、自分の考えをまとめ表現しなければなりません。問題文をしっかり読み取り、自分自身で考えていないと時間がかかってしまいます。

求められる力 2 筋道を立てて考える力

与えられた条件を整理し順序立てて考える力

それぞれの公立中高一貫校には、預かった生徒の夢の実現のために、卒業までに身につけてほしいと考えている力があります。

各校の公表で多く記載されている力は「想像的な思考力」「グローバル化に向かう力」「仮説を立てて思考し問題を解決する力」「自ら切り拓く実践力」などです。

これらのなかには改められた学習指導要領がうたっているものもありますし、これからの大学入試に欠かせないとされている力もあります。

「筋道を立てて考える力」は、これらの基礎として必要な力です。ですから、この力への出題は各校とも配点が高くなっています。過去問でこのタイプの問題をよく研究すれば得点力アップにつながるともいえるのです。

問題なのはおうおうにして会話文で始まる出題（長文読解）が、ある意味冗長なことです。

日常生活の事象から設問につなげる形式ですが、関係のない「前置き」部分に気を取られすぎないようにしましょう。問われていることが読み取れず、初めから読み直しというリスクは避けたいものです。

どのような問題かというと、資料がしめしている条件を読み取ったうえで考えていく問題、必要な条件だけ取りださなければならない問題、多くの組みあわせのなかから整理して選びだしていく問題、順序を考えて並べ直し規則性を見つける問題などさまざまです。

なかには、条件がしめされ頭のなかでイメージする必要があったり、計算をしなおさなければならない問題など、根気が必要な問題も多くみられます。

このような力をつけるためには、問題に向かったとき、「条件をよく理解する」「条件のなかの規則性を見つける」「条件に見合うすべての場合を考え、順序立てて整理し考える」「全体を見過ぎず、条件を整理してわかるところから考える」などの考え方、整理の仕方を繰り返しておくことが大切です。

求められる力 3 問題を解決する力

日常生活のなかで起きる問題を解決していく力

日常生活で起きた問題を、どのように解決するかを考えるのが「問題を解決する力」です。

出題の形式は、学校生活や日常生活のなかでであった問題に対して、会話文のなかから条件を導きだして「会話の登場人物が納得するように解決していく問題」が多く出題されています。登場人物はふたりの対話形式が多いですが3人以上の場合もあります。

また、ふだんの生活のなかで疑問に感じたことや、なにか企画を立てたり、さまざまな意見がでてきたりしたときにどう判断していくか、といった力が求められるのが、このタイプの問題です。

疑問だけでなく、学級会の話しあいや、卒業生を送る会の立案、グループによる社会見学の計画など、さまざまな設定が考えられます。そこで自分がリーダーになったり、グループの一員として考えたり、問題が起きたときにどのように解決していくかの姿勢が問われ、わかりやすく表現せねばならない設問もあります。

このような問題に対する力を日ごろから養っておくためには、日常生活で、なにごとも人任せにせず、自分のこととして問題意識を持って行動することです。

疑問や問題があったときには、いろいろな解決方法を考え、そのなかからいちばんよい方法を、理由も述べて提案できるようにしましょう。

出題の内容に対応するにはふだんの生活のなかでの問題点を見逃さず考えておかなければ、すぐには答えられない問題になります。

逆にいえば学校内や家庭内で起こる身近なできごとはよく登場する題材だということです。

計算しなければ割りだせない問題もでてきますが、算数の力が試されているようでいて読解力がカギとなり、また日常の生活で起こる問題にあなたがどのように向きあっているかが問われているといっていいでしょう。

求められる力

4 ひらめきと計算力

計算をする前に ひらめく力を磨こう

公立中高一貫校の適性検査には、私立中高一貫校で出題される「1行問題」と呼ばれる「ただ計算して解答する問題」は見あたりません。

これはすでに述べているように、公立では学力検査をしてはならないという決まりが、その要因としてあると思われます。

そのことよりも、公立中高一貫校の適性検査では、ただ計算をして、その解答を求めさせることではなく、その過程で与えられた課題や問題を解決するために、どのような計算をしたらいいかを考えだせるかに重点がおかれます。

つまり「ひらめき」が試されるのです。そして、より速く答えがだせる方法を考えられるかも得点対象となっています。

そののちに計算の過程と計算力がスコアとなって表れるわけです。ですから、ひらめく力が弱いと、まったく点が取れないということでもあります。

なお、今年度より小学校でプログラミング教育が必修化されましたが、ねらいとされる「プログラミング的思考」とは、問題を解決するために打つ手や組みあわせを考え、どのように改善していけば問題解決に近づくかを論理的に考えることです。これが適性検査での「ひらめき」にもつながっています。

求められる力

5 作文力と表現力

理由を書くクセをつけ 誤字、脱字のチェックを

公立中高一貫校の入試では作文と名づけられた入試が多くみられます。

与えられた資料、また、文章や詩、会話文などを読んだうえで、その文章の要旨をまとめたり、ポイントを問われて答えを作文で返すのが、公立中高一貫校の「作文」です。

とくにここ数年、与えられた文章の内容について自分の考えを作文させるタイプの問題が主流となっています。

学校がいま、生徒に最も求めている力が「表現力」です。出題のテーマに対して、求められていることをしっかりととらえ、他者にわかりやすく伝えられているか、が採点の基準になります。

さて出題が、自分の考えを述べるよう求めているときは、説得力のある意見を「理由」といっしょに書くことがスコアアップの道です。そのための表現力も必要です。

公立中高一貫校の作文の字数は長い場合、400～600字を求められます。

課題のテーマは、ニュース、社会のマナー・ルール、日本の文化などに対して自分の意見を述べる場合が多くみられます。

また、考えた内容について、考えた理由、経過がぬけていると、作文としては不完全です。見直して気づくよう心がけましょう。

体験などをまじえて書きなさい、という場合もありますので、日ごろ、見聞きしたことの印象などを文章にすることを繰り返しておくと力になります。ですから、ふだんから新聞やニュースに関心を持ち、ご家庭でも社会の問題に対して話しあう姿勢が大切です。

長文を読んで、その要約をしなさい、とされる場合もあります。長い文章をスピーディーに読みこなし要旨を書きだしてみるトレーニングもしましょう。

「書くのは苦手」という人もいる

でしょうが、書くことは、練習することでいくらでも伸びます。繰り返し筆をとるようにしましょう。

さて、近年多くなっている出題があります。

それは、同じテーマをあつかった書き手が異なるふたつの文章を読んで、共通点や相違点を割りだしたり、そこから導きだした自分の意見を書く問題です。

これには課題や条件がありますので、見落としに注意しましょう。ふたつの文章を短時間で読み解く力も試されます。

作文には、もちろん字数の制限がかならずあります。

そのほか、「三段落に分けて書く」など、どのように書くべきかについての諸注意や条件があります。これらの注意書きに従って作文をしないと、スコアは伸びません。

求められる力 6 教科知識の活用力

教科書にでてくる知識の理解と活用力が試される

小学校の教科書で学んだ知識がしっかりと理解され、学力として定着しているかをみますが、じつは、それにとどまることは、まずありません。

大切なのは知識があるのは当然として、そこから始まる活用力を試す問題です。

さらに、それを実際に役立てられるよう、自分の言葉で説明できるかも試します。

社会科でいえば、地元の都県、学校近隣地域の地理や歴史を聞かれたりします。そのほかのキーワードは、「環境」「国際化」「福祉」「少子高齢化」などです。

算数・理科も小学校で習ったことがかたちを変えて出題され、その理由を説明するといった問題です。

それぞれの大問は、これまでの例でいえば「自家用車の所有台数」「読書」「部首などを組みあわせる漢字パズル」「宅急便の料金表」など、国語や社会科の関連と思われるものが題材とされてきました。

それらの教科を取り上げているようにみえるのですが、いずれも算数との組みあわせとなっており、自家用車を持つ人の割合を計算したり、場合分けを考えるなど、算数分野での力が大きく問われました。

小学校の授業で習ってはいますが、学校でのテストでは見慣れない出題形式となっているので要注意です。

これらの問題に解答していくためには、日ごろから小学校での教科学習にしっかり取り組み、基礎的な力を確立していることが大切です。

また、学んだことを自分の言葉で書いたり、図も自分で描いてまとめておく習慣をつけましょう。

知識を定着させるためには、知っていることを、つねに文章や具体的な図にしておくことが必要なのです。ご家族に自分の言葉で説明する機会もあるといいですね。

新たな問題にぶつかったときに、すぐに人に教わることをやめ、いままで学習してきた知識で使えるものはないか、自分で考えてみる習慣をつけましょう。

◇

ここまで述べてきた「6つの力」は、自分のものにすれば中学以降の学校生活ではもちろん、将来にわたっていきつづける能力です。

ただ合格をめざすだけではなく、いまの勉強をきっかけに、人間としての成長を手に入れることを目標にして取り組んでほしいと思います。

遅れそうな各校の詳細発表

例年なら、このページで各都県別に公立中高一貫校それぞれの入試について、適性検査の実際を解説させていただくのですが、今年はコロナ禍の影響で未確定、未発表の項目が多く、この号での解説は見送りました。

たとえば、神奈川県立２校による「グループ活動による検査」は、受検生の「密」を避けるため、早々と見送りが発表されています。

ただ他校でも類似の検査が行われる予定があります。しかし、これまでのところ「もう少し様子をみる」にとどまっています。10月まで発表を待つ学校もありそうです。

そこで本誌では、「首都圏各校の適性検査の実際」については、11月発売のガイドでの掲載とさせていただきます。

なお、これまでに判明している首都圏公立中高一貫校の入試日程について、つぎのページ（112ページ）に一覧を設けました。

2021年度 首都圏公立中高一貫校入試日程一覧

（網掛けの部分は未発表（8/20現在）のため昨年度の内容になります。）

東京	募集区分	募集人員	願書受付 開始日	願書受付 終了日	検査日	発表日	手続期限	検査等の方法
都立桜修館中等教育学校	一般	男女各80	1/12	1/18	2/3	2/9	2/10	適性検査Ⅰ・Ⅱ
都立大泉高等学校附属中学校	一般	男女各60	1/12	1/18	2/3	2/9	2/10	適性検査Ⅰ・Ⅱ・Ⅲ
千代田区立九段中等教育学校	区分A※1	男女各40	1/15	1/16	2/3	2/9	2/10	適性検査1・2・3
	区分B※2	男女各40	1/15	1/16	2/3	2/9	2/10	適性検査1・2・3
都立小石川中等教育学校	特別※3	男女各80（含特別5以内）	1/12	1/18	2/1	2/2	2/2	作文・面接
	一般		1/12	1/18	2/3	2/9	2/10	適性検査Ⅰ・Ⅱ・Ⅲ
都立立川国際中等教育学校	海外帰国・在京外国人	30	1/11	1/12	1/25	1/29	1/29	作文・面接
	一般	男女各65	1/12	1/18	2/3	2/9	2/10	適性検査Ⅰ・Ⅱ
都立白鷗高等学校附属中学校	海外帰国・在京外国人	24	1/11	1/12	1/25	1/29	1/29	作文・面接
	特別※4	男女各68（含特別6程度）	1/12	1/18	2/1	2/2	2/2	面接（囲碁・将棋は実技検査あり）
	一般		1/12	1/18	2/3	2/9	2/10	適性検査Ⅰ・Ⅱ・Ⅲ
都立富士高等学校附属中学校	一般	男女各60	1/12	1/18	2/3	2/9	2/10	適性検査Ⅰ・Ⅱ・Ⅲ
都立三鷹中等教育学校	一般	男女各80	1/12	1/18	2/3	2/9	2/10	適性検査Ⅰ・Ⅱ
都立南多摩中等教育学校	一般	男女各80	1/12	1/18	2/3	2/9	2/10	適性検査Ⅰ・Ⅱ
都立武蔵高等学校附属中学校	一般	男女各60	1/12	1/18	2/3	2/9	2/10	適性検査Ⅰ・Ⅱ・Ⅲ
都立両国高等学校附属中学校	一般	男女各60	1/12	1/18	2/3	2/9	2/10	適性検査Ⅰ・Ⅱ・Ⅲ

※1千代田区民 ※2千代田区民以外の都民 ※3自然科学（全国科学コンクール個人の部で上位入賞した者） ※4日本の伝統文化（囲碁・将棋、邦楽、邦舞・演劇）

神奈川	募集人員	願書受付 開始日	願書受付 終了日	検査日	発表日	手続期限	検査等の方法
県立相模原中等教育学校	男女各80	1/6	1/8	2/3	2/10	2/12	適性検査Ⅰ・Ⅱ ※2021年度入学者検査については、グループ活動は実施しません
県立平塚中等教育学校	男女各80	1/6	1/8	2/3	2/10	2/12	
川崎市立川崎高等学校附属中学校	120	1/5	1/7	2/3	2/10	2/11	適性検査Ⅰ・Ⅱ・面接
横浜市立南高等学校附属中学校	男女おおむね各80	1/6	1/8	2/3	2/10	2/11	適性検査Ⅰ・Ⅱ
横浜市立横浜サイエンスフロンティア高等学校附属中学校	男女各40	1/6	1/8	2/3	2/10	2/11	適性検査Ⅰ・Ⅱ

※募集区分はすべて一般枠

千葉	募集人員	願書受付 開始日	願書受付 終了日	検査日	発表日	手続期限	検査等の方法
千葉市立稲毛高等学校附属中学校	男女各40	12/3	12/4	1/24	2/1	2/3	適性検査Ⅰ・Ⅱ・面接
県立千葉中学校	男女各40	願書等 11/16 報告書・志願理由書等 1/8	願書等 11/18 報告書・志願理由書等 1/12	一次検査 12/5 二次検査 1/24	一次検査 12/17 二次検査 2/1	2/2	一次 適性検査 二次 適性検査・面接等
県立東葛飾中学校	男女各40	願書等 11/16 報告書・志願理由書等 1/8	願書等 11/18 報告書・志願理由書等 1/12	一次検査 12/5 二次検査 1/24	一次検査 12/17 二次検査 2/1	2/2	一次 適性検査 二次 適性検査・面接等

※募集区分はすべて一般枠

埼玉	募集区分	募集人員	願書受付 開始日	願書受付 終了日	検査日	発表日	手続期限	検査等の方法
県立伊奈学園中学校	一般	80	12/25	12/26	第一次選考 1/16 第二次選考 1/30	第一次選考 1/25 第二次選考 2/3	2/9	第一次 作文Ⅰ・Ⅱ 第二次 面接
さいたま市立浦和中学校	一般	男女各40	1/5	1/6	第1次選抜 1/16 第2次選抜 1/23	第1次選抜 1/21 第2次選抜 1/28	2/4	第1次 適性検査Ⅰ・Ⅱ 第2次 適性検査Ⅲ・面接
さいたま市立大宮国際中等教育学校	一般	男女各80（含特別1割程度）	1/5	1/6	第1次選抜 1/17 第2次選抜 1/23	第1次選抜 1/21 第2次選抜 1/28	2/4	第1次 適性検査A・B 第2次 適性検査C・集団活動
	特別		1/5	1/6	第1次選抜 1/17 第2次選抜 1/23	第1次選抜 1/21 第2次選抜 1/28	2/4	第1次 適性検査D・E 第2次 適性検査F・集団活動
川口市立高等学校附属中学校	一般	男女各40	12/25	12/26	第1次選考 1/16 第2次選考 1/23	第1次選考 1/21 第2次選考 1/28	2/8	適性検査Ⅰ・Ⅱ・Ⅲ、集団面接

2021年度入試用 **首都圏** 中学受験情報誌 合格アプローチ 臨時増刊

公立中高一貫校ガイド

好評発売中！

首都圏の公立中高一貫校のすべてがわかる最新ガイド
全23校を完全網羅！

●全国の書店でお求めください

Ａ４変型 176ページ
定価：本体1,000円+税
ISBN978-4-86512-197-1

●安田教育研究所代表・安田理氏が2020年度の状況分析から2021年度入試を予想
●首都圏公立中高一貫校23校 校長先生インタビュー
●森上教育研究所所長・森上展安氏が選ぶ「公立中高一貫校と併願してお得な私立中学校」
●解説をつけて23校の適性検査を紹介

株式会社 グローバル教育出版

〒101-0047 東京都千代田区内神田2-5-2 信交会ビル3F
TEL：03-3253-5944（代） FAX：03-3253-5945
http://www.g-ap.com

2021年度入試用 **首都圏** 中学受験情報誌 合格アプローチ 臨時増刊

国立私立 中学校 厳選ガイド 270校

Ａ４変型版 194ページ
定価：本体1,800円+税
ISBN978-4-86512-193-3

直接購入ご希望のかたは
☎03-3253-5944
グローバル教育出版営業部、または弊社ＨＰよりご注文ください

現在、国内には850校（文部科学省：2019年度学校基本調査）を超える中高一貫校があります。そのうち、首都圏には300校以上が所在しています。また、これまでの国立・私立だけではなく、公立中学校においても、中高一貫校を新設する動きがつづいています。多くの選択肢のなかから、各家庭の考え方やポリシーに合わせた教育を選ぶことができるということは、非常に幸せなことです。しかし、その反面、選択肢が多いということは、どの学校にすればよいのか、悩んでしまうという側面も持ち合わせています。とくに初めて中学受験を経験されるご家庭においては、学校選びはとても大変な作業です。そのような保護者のかたに、少しでもお役に立てれば、との思いから生まれたのが本書です。毎年改編を重ねながら、今年も教育理念や特色など、270校の素の姿をお伝えしています。そのため、いわゆる偏差値や学力の指標となるものは掲載しておりません。それは数字だけで判断するのではなく、ご家庭の教育方針やお子さまに合った学校を選んでいただきたいからです。中学受験が本格的に迫ってくるこれからの季節に、ぜひ一度ご覧ください。学校選びの視野が広がることはまちがいありません。

株式会社 グローバル教育出版
〒101-0047 東京都千代田区内神田2-5-2 信交会ビル3F
TEL：03-3253-5944（代） FAX：03-3253-5945
http://www.g-ap.com

中学受験 合格アプローチ 2021年度入試用

中学受験合格ガイド2021

あとがき

秋の訪れとともに、ご本人はもちろんご家族みんなで挑む「中学受験」も、いよいよ「追い込み」の時期に入ってきました。マラソンでいえば35㎞を過ぎたところ、いちばん苦しく感じるあたりかもしれません。しかし、あと少し走りつづければ、ゴールはもうそこに見えてきます。

この本は、受験まで「あと100日」をテーマに、さまざまな角度から「受験生、保護者のお役に立てる情報を少しでも多く」との思いで編集したものです。

「中学受験」は、ご家族みんなが受験生に寄り添って駆け抜けるところに醍醐味や喜びがあります。

さあ、受験まで「あと100日」。まだまだお父さん、お母さんのサポートは欠かすことができません。いつも笑顔を絶やさず、最後までご本人を励ましてあげてください。

努力をつづけたこの経験は、かならずご本人の財産として残ります。支えてくれたご家族の愛情も心に刻みこまれることでしょう。

編集部一同、心からご健闘をお祈りしています。

『合格アプローチ編集部』

営業部よりご案内

『合格アプローチ』は首都圏有名書店にてお買い求めになれます。

万が一、書店店頭に見あたらない場合には、書店にてご注文のうえ、お取り寄せいただくか、弊社営業部までご注文ください。ホームページでも注文できます。送料は弊社負担にてお送りいたします。代金は、同封いたします振込用紙で郵便局よりご納入ください。（郵便振替 00140-8-36677）

ご投稿・ご注文・お問合せは

株式会社グローバル教育出版

【所在地】〒101-0047
東京都千代田区内神田2-5-2 信交会ビル3F

【電話番号】03-3253-5944（代）（合格しよう）

【FAX番号】03-3253-5945

URL:http://www.g-ap.com
e-mail:gokaku@g-ap.com

中学受験　合格アプローチ　2021年度入試用

中学受験合格ガイド2021

2020年９月10日初版第一刷発行

定価：本体 1,000 円 ＋税

●発行所／株式会社グローバル教育出版
〒101-0047 東京都千代田区内神田2-5-2 信交会ビル3F
電話 03-3253-5944（代）　FAX 03-3253-5945
http://www.g-ap.com　郵便振替 00140-8-36677

©本誌掲載の記事、写真、イラストの無断転載を禁じます。

京華中学校

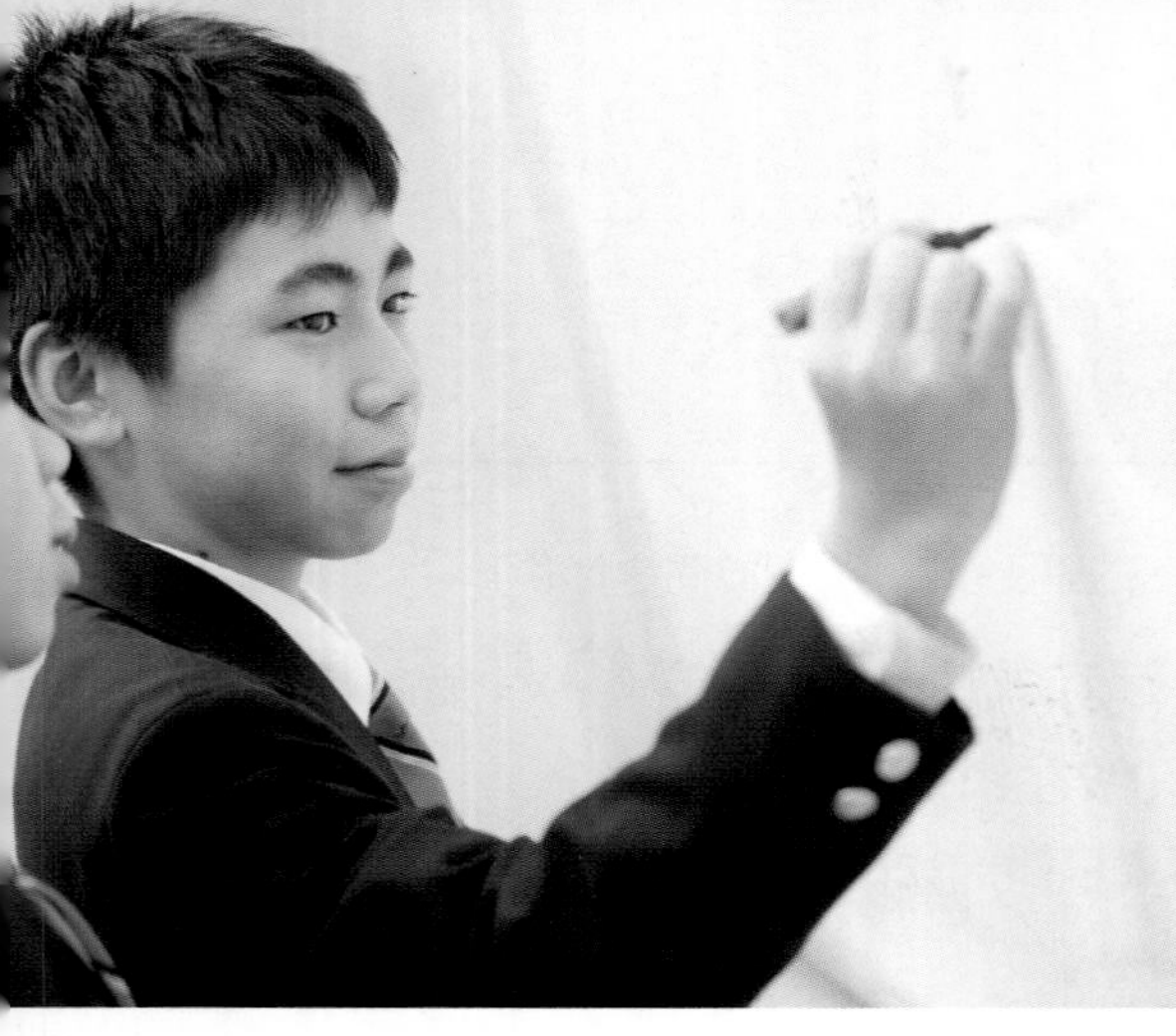

BOYS

03－3946－4451

https://www.keika.ed.jp

－123rd－

京華女子中学校

GIRLS

03－3946－4434

https://www.keika-g.ed.jp

－111th－

＊説明会や入試などの詳細は、
各校のホームページをご覧ください。

＊ご不明な点は、各校または広報室まで
お問い合わせください。

 京華学園 広報室

〒112-8612 東京都文京区白山5-6-6

TEL 03-3941-6493 FAX 03-3941-6494

E-mail kouhou@kg.keika.ed.jp